远见成就未来

建 投 书 店 投 资 有 限 公 司
More than books

爱因斯坦 5 岁时,性格看上去安静平和,实则倔强乖僻,从小就不擅长体育。左为妹妹马娅(3 岁)。

1889年，在慕尼黑的小学合影，第一排右3是爱因斯坦，他并不适应学校生活。

1896年，考上苏黎世理工学校时的爱因斯坦；在瑞士的高中学习一年后，他获准入学，但不受教授们喜欢。

与奥林匹亚学园的莫里斯·索洛维内（中）及康拉德·哈比希特（左）合影。

利用在专利局工作的闲暇时间，爱因斯坦潜心于科学研究。

1904年,爱因斯坦的长子汉斯出生。当时相对论的研究已经完成,妻子米列瓦帮助他完成了论文原稿的最终校对。

最早肯定相对论的物理学家马克斯·普朗克(1858—1947)。

1911年，32岁的爱因斯坦出席第一届索尔维会议，标志着相对论获得了科学界的认可；后排右2为爱因斯坦，前排右1为庞加莱，右2为居里夫人。

日全食照片,爱因斯坦推测,其他恒星的光在经过太阳附近时会发生少许偏折。

爱因斯坦一生琴不离手,将小提琴当儿子一样看待。

与埃尔莎和玛戈在柏林的家里。

柏林大学教授一职是非常权威的，但爱因斯坦经常不修边幅。他在下面这张照片里穿着非常时髦的衣服，但也许脚上并没有穿上袜子。

1933年,赴美途中在帕萨迪纳抓拍的照片,"人生就像是骑车旅行,为了不失去平衡,必须永不停歇地前行"。(爱因斯坦)

在加州理工学院附近的威尔逊山天文台,爱因斯坦很喜欢这个天文台。

1933年，丘吉尔和爱因斯坦。

1934年,美国匹兹堡的记者招待会。当记者问到原子弹实用化的可能性时,爱因斯坦明确表示否定。

1940年10月，爱因斯坦宣誓成为美国公民。

爱因斯坦在普林斯顿与以色列总理戴维·本-古里安交谈。

晚年的爱因斯坦，1953 年拍摄于普林斯顿。

我是
爱因斯坦

我勇敢坚持做自己,哪怕与周遭为敌

筑摩书房编辑部 著
蒋敬诚 张贵生 译

图书在版编目（CIP）数据

我是爱因斯坦 / 日本筑摩书房编辑部著；蒋敬诚
张贵生译. -- 北京：中译出版社，2019.7
　ISBN 978-7-5001-5883-7

　Ⅰ.①我… Ⅱ.①日… ②蒋… Ⅲ.①爱因斯坦（Einstein, Albert 1879-1955）—传记 Ⅳ.
①K837.126.11

中国版本图书馆CIP数据核字（2018）第300942号

CHIKUMA HYODEN SERIES "PORTRAIT" ALBERT EINSTEIN—SOTAISEIRIRON O
UMIDASHITA KAGAKUSHA
Copyright © CHIKUMASHOBO LTD. 2014
Chinese translation rights in simplified characters arranged with CHIKUMASHOBO LTD.
through Japan UNI Agency, Inc., Tokyo and Hanhe International (HK) Co., Ltd., Beijing.

版权登记号：01-2018-8196

我是爱因斯坦

出版发行：	中译出版社
地　　址：	北京市西城区车公庄大街甲4号物华大厦六层
电　　话：	（010）68359101；68359303（发行部）；68357328；53601537（编辑部）
邮　　编：	100044
电子邮箱：	book@ctph.com.cn
网　　址：	http://www.ctph.com.cn
出 版 人：	张高里
特约编辑：	楼伟珊　冯丽媛
责任编辑：	郭宇佳　张孟词
封面设计：	肖晋兴
排　　版：	壹原视觉
印　　刷：	北京中科印刷有限公司
经　　销：	新华书店
规　　格：	787毫米×1092毫米　1/32
印　　张：	6.75
字　　数：	58千字
版　　次：	2019年7月第1版
印　　次：	2019年7月第1次

ISBN 978-7-5001-5883-7　　　　　　定价：32.80元

版权所有　侵权必究
中译出版社

他具有最高的智慧,是无与伦比的象征,是光辉照耀现代的巨人。他是一位安详、稳健、超凡脱俗的学者,他散乱的头发、锐利的目光贯穿了整个人道主义。他的容颜已经成为一种象征,他的名字就是天才的代名词。

——美国《时代》周刊

写在前面的话

曾几何时，爱因斯坦这个名字成了天才的代名词。谁都承认他是出色的物理学家，但为什么这个创立了普通人难以理解的相对论的人在普通人中也如此有名，并且跟其他天才科学家比起来更能流芳百世呢？

据说，伟大的喜剧演员查理·卓别林曾对爱因斯坦说过："你之所以受欢迎，是因为你的理论谁也不懂。"80多年过去了，这句话照样适用。

但当我们回顾爱因斯坦的一生时，会发现相较于其他物理学家，他向外界说了更多的话，在世界各地留下了更多的声音。不仅是专业问题，还有政治体制、人种问题、和平问题、社会不公等议题,他都直言不讳地向公众发表自己的观点。

接触过他的人都被他的人格魅力所吸引。在大学,他是深受爱戴的人气教授,他不卖弄权威,愿意跟同学们站在平等的角度讨论问题,所以无论在哪一所大学都受到欢迎;在社区,他是和蔼可亲的老爷爷,只要孩子们来请教他,他都不厌其烦地教他们算术;在媒体面前,他又是坦率的科学家,哪怕是没有预约的采访,只要时间允许,他都热情接受并侃侃而谈。

晚年的爱因斯坦虽然生活在美国,许多人还是把他当作可以依靠的救世主,依旧有大量的求助信件不断飞到他的身边。当时虽然没有电视和网络,但他的名字还是传遍了世界的每个角落。

"天才"这个尊称既是一个褒扬的词汇,通常也意味着孤僻的性格;在爱因斯坦这里,它则有着更加丰富的内涵。他热爱和平、爱音乐、热爱人类,这些信念是他不折不扣的标签,他创立的复杂理论虽然一般人理解不了,却依然成了世界各地的人们爱戴他的理由。

目　录

第一章　从指南针感悟出宇宙原理的天才少年
　　　　——遇见康德，遇见马赫　1

第二章　在瑞士接触到和平主义和民主主义思想
　　　　——父亲的公司数度破产，靠亲戚的接济维持清贫的生活　27

第三章　挑战权威和现有观点的年轻的不妥协主义者
　　　　——屡遭大教授嫌弃的大学生涯和长时间的待业经历　51

第四章　撼动了物理学界的相对论
　　　　——平等、坦率对待所有人的大学教授　81

第五章　高举反战和平大旗的诺贝尔奖物理学家
　　　　——与反犹主义作斗争并积极支持犹太同胞　115

第六章 跟希特勒斗争的世界上最有名的科学家
　　　——写给罗斯福总统的推进原子弹
　　　开发的信　　*145*

年　表　　*175*
参考文献　　*183*
思考题　　*189*

第一章

从指南针感悟出宇宙原理的天才少年

——

遇见康德,遇见马赫

出生于德国犹太人家庭的少年天才

请试着在脑海里勾画一下欧洲大国德国的地图形状吧。在上了年纪的人的脑海里模模糊糊浮现出来的,大概是一幅被分割成东德和西德的旧地图;而年轻人想象中的德国,应该是现在东德和西德统一后的大国——德意志联邦共和国,它夹在法国和波兰中间,南面是奥地利。

阿尔伯特·爱因斯坦,这位20世纪最伟大的物理学家,于1879年3月14日出生在德国,但19世纪后半叶的德国,与现在的德国大不相同。

当时的欧洲正在经历兼并小国、缔造大帝国的风潮，当权者一旦易人，国家的势力也会随之发生变化。

德国当时被称作德意志帝国，威廉一世君临天下，"铁血宰相"俾斯麦掌控实权。东有俄罗斯帝国，南有奥地利帝国和匈牙利王国，它们相互牵制，保持着国家的运转和势力的均衡，德意志帝国就是在这种微妙的环境下诞生的；另一方面，德国跟西面邻国法国的关系也不好。这种复杂的关系以及各国都想扩张势力的帝国主义时代背景，最终导致了第一次世界大战的爆发。

那时的日本，明治政府基本上完成了全国的统治，开始把目光转向海外。随着欧洲列强不断推进亚洲的殖民化，日本也策划进军朝鲜半岛和中国。不久，在中日甲午战争、日俄战争中取得胜利的日本吞并了朝鲜李氏王朝并进而开始侵略中国。这是一个殖民主义和帝国主义席卷欧亚的时代。

阿尔伯特·爱因斯坦出生于德国南部一个有着7万人口的地方小城乌尔姆。父亲赫尔曼，母亲保利娜，阿尔伯特是他们的长子。

爸爸本来想用爷爷的名字给爱因斯坦取名为亚伯拉罕（Abraham），但这个名字的犹太人特征过于明显，最终便只保留了A这个首字母，取名为阿尔伯特（Albert）。

有这样一段逸事。据说，在爱因斯坦出生后不久，姥姥耶特看到他的个头比一般婴儿大很多，惊讶道：

"这孩子也太胖了吧，而且脑袋还是扁扁的！"

确实，爱因斯坦的脑袋很大，后脑勺还向后突出很多，体重也不同寻常，看上去有些怪模怪样。至于体重究竟重到了一个什么程度，由于没有具体记载，所以没法进行客观比较，但据说那是一个在19世纪末相当令人吃惊的体重。

就连爸爸妈妈都忍不住去找医生，在医生告诉他们"别担心，再等等看"时才放下心来。

过了几个月，爱因斯坦在外形上看起来跟周围的小朋友也没有太大的差异了，但发育方面的问题又冒了出来。都1岁多了，爱因斯坦还没有任何想要讲话的迹象，妈妈不由得着急起来。2岁的生日眼看也要到了，爱因斯坦依然还不会开口讲话。

"太奇怪了！怎——怎么不说话呢？"

妈妈的不安写在了脸上。

"别太担心了，很快就会说话的。"

爸爸本来还比较镇定，乐观地安慰着妈妈。但后来他也渐渐坐不住了，烦恼着要不要再去看看医生。

出生后不久搬家到慕尼黑

爱因斯坦刚过1岁时,爸爸赫尔曼的羽毛褥垫生意做不下去了,于是举家从乌尔姆搬到了不远处的慕尼黑。

赫尔曼的弟弟雅各布是个在慕尼黑从事电气工程工作的电气工程师,弟兄俩计划开一家公司生产发电机、变压器、路灯等产品,同时还做供电的生意。

"保利娜,再留在乌尔姆也没有出路,我们搬去雅各布所在的慕尼黑吧,今后与电相关的生意应该会越来越好做的。"爸爸满怀希望地说道,妈妈点头表示同意。于是他们举家搬往经济条件更好的慕尼黑。

爸爸负责销售,叔叔负责生产。兄弟俩珠联璧合,未来充满着希望。

当时的慕尼黑虽说是一座城市,但也只是

一座中等规模的城市而已。天主教徒占了慕尼黑人口的大多数，犹太教徒只占很小一部分。不过赫尔曼并不拘泥于宗教情结，对被异教徒包围的生活没有任何抵触。

不久，爱因斯坦的妹妹玛丽亚（昵称马娅）出生了。爱因斯坦也终于在快到3岁的时候开口说话了。

但他有一个独特的怪毛病：每次开口讲话前，必定要含糊不清地在嘴里嘟囔些什么。这让人不禁担心他会不会在智力方面有所缺陷。

"就算一些再常见不过的话，哥哥也总是要慢慢地张开嘴，温和地说出来，像是说给自己听一样。周围的人以为他不会说话，都很担心他。"玛丽亚回忆道。

关于爱因斯坦说话晚的传闻有好几个版本。也有人说，他不是不会说，而是不想说……

在对爱因斯坦宠爱有加的姥姥耶特眼里，

爱因斯坦又是另一副样子。

"这孩子可懂事了,他自己想好的事情总会不厌其烦地说上好几遍。"

这是爱因斯坦 2 岁零几个月时的传闻,可以从中看出,这时的爱因斯坦跟其他的普通男孩并没有什么区别。

或许爱因斯坦是这样一种性格:他对于能够理解自己的人就会积极地表达;而对于那些质疑自己的人就采取拒绝的态度,什么也不说。

文理混合的家族环境

我们再来说说爱因斯坦的家族。他们是犹太裔德国人,在德国属于少数民族。当时,犹太民族还没有建立国家,是一个散居在欧亚大陆、美洲大陆等地的流浪民族。

犹太人信奉犹太教，但散居在世界各地的犹太人也有人取得了出生所在国的国籍，改信了基督教。

爱因斯坦的父亲赫尔曼出生于德国西南部施瓦本地区一个叫作巴特布豪的小村庄，这一带自古以来就有很多从事商业和手工业的犹太人聚居。到赫尔曼出生时，这里又成了牧歌悠悠的以农业为主的地区。

高中时代，赫尔曼对数学很感兴趣，也考虑过上大学，但当时的社会对犹太人有着强烈的偏见，大学的大门对他们也是紧闭的。

19世纪后半叶是人们向产业发展前景更好的大城市聚集的时代，因此赫尔曼在高中毕业后不久，爱因斯坦家族也怀抱着美好的憧憬，从山村搬到了更大的乌尔姆市。

进入社会的赫尔曼在这座城市与堂兄弟一起开了一家销售羽毛褥垫的公司，但由于缺乏经商头脑，公司业绩并不理想。

29岁时，赫尔曼与同是犹太人的保利娜结婚。保利娜也是在乌尔姆市附近出生的，但她们家与爱因斯坦家完全不同。父亲尤利乌斯是一个粮商，而且是王室的御用供货商，家底殷实。成功商人的家境培养出保利娜洒脱又务实的性格。有人说，爱因斯坦辛辣尖刻的说话风格就是来自妈妈的遗传。

赫尔曼性格温厚，对犹太教的信仰也比较随意，家庭对戒律（比如犹太教有不吃猪肉的习惯）和安息日（礼拜日不工作不做家务，专门安静地祈祷）等宗教规范并没有严格遵守。

爱因斯坦家族是一个混合了文科和理科的特殊家族。父亲赫尔曼喜爱文学，母亲保利娜钟爱钢琴，叔叔雅各布则理科优秀并擅长演奏小提琴。在这种多元文化的交融中，爱因斯坦在身边人的熏陶中茁壮成长。

据说他们一家还给慕尼黑工厂的员工开过演奏会。当时留声机（播放黑胶唱片的放音装置）还没有普及，所以乐器演奏在那个年代并不稀奇，但对家境并不那么富裕的爱因斯坦家族来说，如此享受音乐还是有些特别的。

受爱好音乐的妈妈影响，爱因斯坦在很小的时候就开始学习小提琴了。

小提琴成了终身的"朋友"

爱因斯坦掌握的小提琴演奏技能对他日后的研究生涯起到了重要的作用。当思考出现阻滞时，他就会拉拉小提琴转换心境，这时新点子可能就会出现。

在爱因斯坦成为物理学家后，他每次到世界各地演讲时也都会带上小提琴，把它当作交流的工具。

别人都说爱因斯坦很老实,但在妹妹马娅眼里,"哥哥从小就脾气暴躁",而且看看他的脸色就能知道他当时的心情。

"哥哥的心情变化常常很突然。只要看到他的脸色变黄了,我就会从他的身旁溜走。"

兄妹间的嬉戏打闹再普通不过,但对于传闻中因善于思考、喜欢安静而闻名的爱因斯坦来说,这是了解他另一个侧面的非常难得的逸事。

暴躁的脾气随着年龄的增长会慢慢消失,但据研究表明,爱因斯坦对人对事很固执且有自闭症的倾向;甚至有分析认为,他特殊的数学才能可能与自闭症有关。

爱因斯坦一家,在慕尼黑修建了一栋带院子的雅致的独栋住宅。慕尼黑是一座具有近代工业气息的城市。第一届德国电气博览会在这里举办,电灯被挂上了大街小巷。这座城市还有很多文化氛围浓郁的城市景观,教会和美术馆也不少。

当时慕尼黑大约有30万人,远不及现今的城市规模(约140万人),但已经是一座网罗人才实现梦想的德国名城。

爱因斯坦会说话后,很少与同龄孩子一起玩耍,通常是自己在家里猜谜做题,玩扑克,搭各种复杂的积木……

不管堂兄弟们玩得多兴奋,几乎看不到爱因斯坦的加入。通常3岁左右的孩子都愿意在外玩耍,但爱因斯坦的家庭教师给他起的绰号叫"无聊的神父",可见爱因斯坦的性格是多么安静。

马娅后来回忆说:

"哥哥可以用扑克搭起14层,他做事时精神高度集中,那份执着和坚韧令我望尘莫及。"

这是爱因斯坦后来被别人称为"天才少年"后家人对他的评价，或许有些夸张但可以看出，爱因斯坦是一个勤于思考、顽强执着的内向孩子。

对指南针背后的宇宙产生兴趣

爱因斯坦一方面不善于跟人打交道，另一方面又喜欢顶撞和对抗他人，所以大人们都不怎么喜欢这个孩子。

有心理学家指出，爱因斯坦从小对事物进行系统性思考的能力优于他交际、交流的能力（以同理心待人接物的能力），而且这种落差大得离谱。

爱因斯坦的性格不仅仅是顽固、孤僻，这一特点清晰地表现在他成年以后的行为和待人接物的方式上。从小时候开始,他就已经被贴上了不是正常孩子的标签。

爱因斯坦对事物的构造和原理有着"贪婪"的求知欲。

有这样一个故事。有一次爱因斯坦生病,父亲为了让他开心,给他买了一件礼物。

"阿尔伯特,爸爸今天要送你一件很好玩的礼物。"

说着,他便拿出了一个指南针。这在当时非常珍贵。

"爸爸,为什么无论怎样转动它,这根针总是指向同一个方向呢?"

就像一只有意识的动物,这根针总是不断调整位置,始终指向北方。爱因斯坦觉得这太不可思议了。

"我浑身发抖,手脚冰凉。当时我就确信,这件事背后一定隐藏着一个惊人的事实。"爱因斯坦后来这样说。一个指南针成了激发他对物理学产生浓厚兴趣的引线。

确实，地球存在磁场，只要有一个指南针，就不会搞错东南西北各个方向。如果只是追求眼睛看得见的东西，我们可能就仅满足于知道"这是北方，这是东方"了。

但爱因斯坦面对指南针时却大吃一惊，他在思考其背后的原理。这是一个多么善于思考的孩子呀！

在爱因斯坦小时候，当工程师的叔叔雅各布经常会被问到各种问题。

"雅各布叔叔，为什么指南针总是指向北方？"

"地球存在一个人眼看不见的磁场，所以磁铁的指针总是被吸到那个方向。"

科学知识相当丰富的雅各布，面对爱因斯坦的提问，会给出小孩子也能够理解的答案；

但爱因斯坦并不满足于这样的答案，他开始认真思考。

爱因斯坦一直在脑海中默默思考着，也许正是因为将注意力集中在了思考上，他才对身边的人和事漠不关心吧。

6岁时，爱因斯坦进入慕尼黑的小学学习。那是一所天主教学校，没有信仰犹太教的学生，但爱因斯坦的父母仍然选择了这所方便上下学的学校。

"我回来啦……"

有一天，爱因斯坦放学回来，阴沉着脸对妈妈打着招呼。

"怎么啦？不高兴吗？"

"嗯。"

闷闷不乐的爱因斯坦说起了不高兴的原因：

"学校就像是纪律严明的部队，只会让我记一些无聊的东西。"

爱因斯坦不喜欢被约束，且偏科严重，数学很好，但语文很差，体育更是完全不行。这些都是他讨厌上学的原因。

不适应集体教育的孤僻小学生

在当时的德国，可以保卫国家的强壮男性最受认可。同样小学学校里也是那些运动能力强的男孩更受欢迎。

比起个人能力的培养，整齐划一的集体教育才是主流。因此，像爱因斯坦这样是不被接受的。

爱因斯坦不只是不招学校老师的喜欢，还被家庭教师嫌弃。这不仅是因为他不听讲，还与他反复提问的癖好有关。

"为什么一天里有白天和黑夜？"

"为什么猫走路没有声音？"

"光是从哪里来的？"

一些完全不像是小学生会思考的问题在爱因斯坦的脑海里"打着问号"。他还就这些问题向家庭教师和学校老师提问，老师们不胜其烦。因为这些都是很难的问题，不是三言两语就可以解答清楚的。

爱因斯坦之所以不适应小学的学习生活，原因之一是他之前都是跟家庭教师学习，从没有参加过同龄人的集体生活。对于一个特立独行的男孩来说，集体的规则对他毫无约束。

爱因斯坦的偏科极其严重，以至于有小学老师怀疑他的智力发育有问题。

"一旦答错，老师就会狠狠地打我的手。但我就是不马上回答问题，故意慢慢地思考。这是我小时候就有的习惯，我还会不断地小声复述。"

爱因斯坦这种捉弄老师的态度，也是他被

老师讨厌的原因之一。

在语言学习方面,有记录显示他曾对拉丁语感兴趣,但就如他后来移居美国生活了20多年却依然为英语犯难一样,他对语言的兴趣着实不高。

"学校实在是太难待了,完全一种军队的氛围。让孩子接受这种军事化的教育非常令人讨厌,在权力的支配下有组织地进行训练是最可恶的!"

相较于尊重学生个性,当时德国的教育体系更崇尚拿着教鞭对学生严加管教的做法。老师的权威是绝对的,学生的叛逆是不被允许的。

上学后,爱因斯坦还感受到了同学们对犹太人的歧视。当时,整个德国社会对犹太人的迫害已经慢慢展开。作为成年人思想的一面镜子,孩子们也歧视起爱因斯坦来。

"我受到的歧视虽然并不是特别极端,但从

小学开始我就慢慢明白,自己在德国社会是一个局外人。"

爱因斯坦虽然不适应学校的生活,他的数学成绩却出类拔萃。妈妈也为他总是拿第一名而感到骄傲。

9岁时,爱因斯坦进入卢伊特波尔德文理中学(初中和高中在一起的学校)。在这里他表现出对于犹太教的热忱,他遵守饮食禁忌,也老老实实地遵守安息日的教规。这一时期可以说是天才爱因斯坦与宗教唯一的蜜月期,后来他开始与宗教保持距离。

自学代数和几何

爱因斯坦进入卢伊特波尔德文理中学后,本来就很好的数学成绩有了更大进步。爸爸妈妈给他买了代数、几何学等教科书，爱因斯坦通过自学就能解答一些复杂的方程式。

跟爱因斯坦一家住在一起的雅各布叔叔，也对爱因斯坦日后的博学有很大影响。

有一天，正在回答爱因斯坦提问的叔叔提出了一个有关毕达哥拉斯定理（勾股定理）的新问题。雅各布让爱因斯坦用自己的方法证明，直角三角形两直角边边长的平方和等于斜边边长的平方。

给爱因斯坦带来智慧启迪的还有另一个人。按照犹太教的慈善习惯，犹太人家庭要邀请生活清苦的宗教人士驻家生活一段时间。但由于爱因斯坦一家对宗教并没有那么热衷，所以他们没有完全遵照犹太教的规矩邀请宗教人士，而是邀请了一名学医的学生。他就是马克思·塔尔迈（Max Talmey），一位刚满 20 岁的贫困生。

爱因斯坦当时才 10 岁，在塔尔迈的记忆中，他是一个很奇怪的孩子。

"在我的记忆里,他没有跟同龄的孩子一起玩过,而且他对大家都爱读的娱乐文学也不感兴趣。"

但当塔尔迈给爱因斯坦带去科学读物时,他立马就能沉醉其中。

其中一本书的作者是一位名叫阿龙·伯恩斯坦的科学家,这本书讲的是在德国进行的一些科学实验,其中有关光速的内容引起了爱因斯坦特别的兴趣。

比如书中写道:"假设向高速行驶的列车车窗打进一颗子弹,在从对面车窗穿出去之前,子弹在车内像是斜着飞过去的。"诸如此类的科学观察引起了爱因斯坦的极大兴趣。

后来塔尔迈也移居美国。有一次爱因斯坦和他在纽约见面,他还问起爱因斯坦对当时伯恩斯坦的书的感想。

"很棒的书,可以说对决定我人生的方向起了很大作用。"

塔尔迈对爱因斯坦的数学和物理才能深感震惊,于是拿了一些几何学教材给他看,这比爱因斯坦在学校同期的学习超前了好几年……

每周都来家里的塔尔迈既是爱因斯坦的家庭教师,也是带他走进科学的领路人。但不久,爱因斯坦就青出于蓝而胜于蓝了。

"我给爱因斯坦看的数学教科书,他几个月就掌握了,于是他就想看更高深的书。慢慢地,我都追不上他了。"

一个大学生,一个小学生,在巨大的年龄差距和学历差距面前,居然是小学生取得了胜利,这实在是太令人惊异了。

惊叹于爱因斯坦数学才能的塔尔迈接着向他介绍了哲学,给他带去了伊曼纽尔·康德(德国古典哲学家)的著作并建议他阅读。

13 岁接触真正的哲学和科学

年仅 13 岁的爱因斯坦开始接触康德哲学，并从康德的《纯粹理性批判》开始，熟读了哲学家大卫·休谟、物理学家恩斯特·马赫等大家的著作，同时开始深入思考如何才能认识事物的本质。

康德因为对宗教的否定而广为人知，他有一句名言："上帝也许不存在。"因此，他不仅受到神职人员的非难，也受到笃信宗教的普通人的质疑。

爱因斯坦如此推崇康德，他对宗教的热情消退之快也就在情理之中了。

"在学习了高深的科学和哲学后，我越来越觉得《圣经》中描写的那些故事在现实生活中是不可能发生的。"

按照犹太教的惯例，13 岁要举行成人礼，但爱因斯坦逃避了这个宗教习惯。

他小时候读过的伯恩斯坦的科学启蒙书中说:"大自然,包括生活在其中的人类,并不是受偶然性支配的游戏,而是基于基本原理的理性存在。"这种科学思想在爱因斯坦的脑海中逐渐形成。

同时在他成长的过程中,如同他始终高昂的求知欲和好奇心,他对现有教义和常识的反叛也同样强烈。

小时候,他固执的性格就使他与集体和组织保持着距离;长大后,他更被人称作不合群者。

第二章

在瑞士接触到
和平主义和民主主义思想

——

父亲的公司数度破产,
靠亲戚的接济维持清贫的生活

15 岁时父亲的电气公司倒闭

在爱因斯坦到卢伊特波尔德文理中学上学几年后,他的身边发生了很大变故。

父亲和叔叔合开的电气供应公司的经营遇到了困难。

叔叔雅各布是理科出身的电气工程师,生产发电机、自动电闸(电流断路器)、电费表等,甚至曾与西门子等大型电气公司比肩。

公司最景气的时候,员工人数一度达到200人,但由于资金实力不足,爱因斯坦家族不得不把房子抵押出去借款经营。销售业绩好的时候,这并没有什么问题;但生意不好的时候,他们就要为还款而苦苦挣扎。

电气行业是当时德国的新兴产业，竞争非常激烈。在竞争中败下阵来的爱因斯坦家族走到了破产的境地。当时爱因斯坦正好15岁。

他们不得不卖掉在慕尼黑的家——那栋带大花园的独栋建筑。一家人在员工面前开演奏会的幸福时光再也回不来了。他们失去了一切，意志消沉，在德国的生活即将画上休止符。

1894年夏天，为了东山再起，家族决定搬到意大利的米兰。

但还在卢伊特波尔德文理中学这所优秀学校上学的爱因斯坦被排除在了搬家计划之外。因为父母希望爱因斯坦无论如何都要读完剩下的3年，所以把他一个人留在了慕尼黑，交给亲戚照顾。

但爱因斯坦的心中一点也不平静。擅长科学、乐于回答自己问题的好叔叔雅各布，能够理解自己的妹妹马娅，还有爸爸妈妈都不在身边，爱因斯坦感到无比孤独。

虽然住进了学校的寄宿宿舍，但朋友很少的他在放学后就成了"孤家寡人"。几乎没有哪个同学愿意跟既不爱运动又讨厌军事训练、只会一门心思读书的同学说话。

或许是寂寞使然，在自己很不喜欢的语言课上，他百无聊赖，忽视了老师的存在而自顾自笑起来。

"后排的那位同学，你听不到我的声音吗？为什么你总是在笑？"

爱因斯坦在被提醒后依然笑个不停。

"你在那里坐着干笑，同学们都失去了对我的尊敬。"

被老师这样批评，爱因斯坦在学校的心情自然好不到哪里去，慢慢地陷入了抑郁的状态。最后，老师说：

"如果你讨厌学校,你就退学吧。"

但聪明的爱因斯坦没有主动提出退学。

爱因斯坦要创造对自己有利的状况,于是到寄宿宿舍附近、自己常去的诊所看医生,请医生开了一份不在家人身边静养就不能恢复健康的诊断书。

以生病为由休学回到父母身边

爱因斯坦首先将诊断书拿给数学老师看。由于他的数学成绩出类拔萃,所以这个老师是他在学校里难得的朋友。

"我知道你的状态不好,但我还是希望你能留在学校……但好像你的态度很坚决啊。"

老师这么说着,帮爱因斯坦写了一封信,说爱因斯坦成绩特别优秀,已经没有什么可以教他的了。

另外,爱因斯坦想到了以前来家里吃饭的贫困生马克思·塔尔迈,他现在已经是一名医生,爱因斯坦想让他开一份证明病情的诊断书。

拿到这两份材料后,爱因斯坦谋划着借圣诞假期的时机向校长提出申请。

"校长先生,我得了精神方面的疾病,但我的数学课程基本上学完了,所以请同意我请假吧。"

"哦,生病了呀?这可糟糕了。"

校长沉思起来,爱因斯坦把诊断书和信递给了他。

"这里还有医生的诊断书。我不想退学,所以请同意我休息一段时间,等我调理好身体后再回来上课。"

"既然有诊断书,那就不会有什么差错了。我可以同意你休学。"

休学的决定完全是爱因斯坦自己作出的。他买了一张单程火车票,登上了翻越阿尔卑斯山前往米兰的列车。

有人说,爱因斯坦提出休学申请,不仅仅是为了回到家人身边,还出于不想在德国待到17岁的考量。德国是征兵制的国家,17岁是应征入伍的年龄,届时必须履行服役义务。

爱因斯坦告别了卢伊特波尔德文理中学,结束了半年来在慕尼黑孤苦伶仃的生活。他决心再也不回学校了。

火车一到米兰,爱因斯坦立即前往父母的住处。

"喂,爱因斯坦,你怎么了?"

父亲看到突然来到身边的儿子,大吃一惊。

"爸爸,我休学了,我想在这里跟大家一起生活。"

父亲郁闷到了极点。可爱的孩子能跟自己

一起生活当然是件高兴的事情，但从已经支付了很多学费的卢伊特波尔德文理中学休学还是让人懊恼。

"难道你退学了？"

母亲非常生气。好不容易才让爱因斯坦进入卢伊特波尔德文理中学，现在虽然是休学，但在当时，未成年人一旦出国，再回到德国是没有那么容易的。面对儿子中途退学的事实，母亲惊愕不已。

最终，父亲还是同意了爱因斯坦留在米兰的请求，他又可以跟家人在一起生活了。

与一心要让自己当电气工程师的父亲的矛盾

刚到米兰时，爱因斯坦什么都没有做，尽情品味着意大利的自由空气。米兰是一座比慕尼黑还大的历史悠久的城市，但它的氛围不像德国社会那样死板，爱因斯坦喜欢上了这里。

爸爸开始担心起爱因斯坦的未来。

"阿尔伯特，你将来有什么打算？"

敦厚的父亲引导着说道。

"嗯，我将来想找一份教授哲学的教师工作。"

"为什么要教这种不着边际的课啊？你数学不是很厉害吗？跟你叔叔一样，做一个电气工程师怎么样？"

"我不喜欢。"

父亲之所以想叫爱因斯坦从事电气工程，是想让他继承自己的公司。在米兰重整旗鼓开设的电气供应公司业绩并不理想，因此父亲认为，如果有天赋的儿子能来帮忙的话，公司的未来就会很明朗。

但爱因斯坦还是沉浸在书本中，在思考中

度日。偶尔为了转换心情，他会去米兰的博物馆和美术馆转转，过着悠闲的失学生活。

妹妹马娅看到从慕尼黑来的爱因斯坦，感觉他发生了非常明显的变化。她怀疑哥哥根本没病，而且吃惊于他的活泼开朗和得意扬扬。这哪里是她印象中有些神经质又沉默寡言的哥哥，分明那么爱交际又和蔼可亲。

虽然爱因斯坦曾跟父亲说过想从事研究工作，但从卢伊特波尔德文理中学的中途退学，中断了他通往大学的道路。

这时，看到整天为公司经营上不了轨道而烦恼不已的父亲，爱因斯坦作为儿子重振家业的想法慢慢强烈起来，他终于下决心要学习电气工程。

"既然要上理工科的大学，那就选一所好的大学。对了，还是去上苏黎世的理工学校吧。"

之所以把目标选定为这所代表瑞士高水平

的大学，是因为这所大学不看高中毕业资格，只要入学考试合格就可以了。对于高中中途退学而年龄又还小的爱因斯坦来说，这是最合适不过的升学目标了。

确定了目标后，爱因斯坦开始在空闲时间帮父亲干起活来。跟在慕尼黑时一样，雅各布叔叔负责公司的技术工作。有一天，叔叔正为如何计算一种新电器的电量而苦恼。

"阿尔伯特，过来帮忙计算计算。"

"好啊，叔叔。"

面对自己特别喜欢的叔叔的求助，爱因斯坦二话不说立即答应下来，并且不到 15 分钟就给出了答案。

"我和我的一个助理技师花了几天时间都没有算出来，这孩子仅仅 15 分钟就给出了答案，太厉害了！"雅各布很自豪地跟朋友说。

考大学的应考准备全靠自学

爱因斯坦经常利用空闲时间去阿尔卑斯山等地徒步旅行。为了去看母亲的亲戚尤利乌斯·科赫,他还去过热那亚。意大利人不像德国人那样装腔作势,这让爱因斯坦非常放松。

爱因斯坦在不同的社会氛围里惬意地生活着,同时为入学考试开始自学备考。

他买来很多高等物理学方面的书籍,按自己的方式开始学习,在空白处用铅笔做了很多笔记。他学习时的专注是在其他十五六岁的男孩子身上很难看到的。

"在哥哥的房间打打闹闹,他也毫不在意。只要有凳子、笔、草稿纸和墨水,他就可以沉浸到解题当中。周围嘈杂的声音仿佛成了鼓舞他的声援之歌。"

玛娅的这句话从侧面证明了爱因斯坦拥有

天才般的注意力。

爱因斯坦这时才16岁，已经开始撰写论文。

当时的科学认为，光是像波那样传播的。空气或水的上下振动形成横向传播的波，传向远方。当时人们认为宇宙中存在着一种看不见的物质，它是传播光的介质，被称为以太。爱因斯坦指出，光的传播是通过电磁场促使周围的以太发生弹性形变而完成的。

爱因斯坦把这篇论文寄给了一个能够理解自己的亲戚——住在比利时的恺撒·科赫，他是爱因斯坦很喜欢的亲戚之一。爱因斯坦还告诉他，自己正在备考苏黎世理工学校，但自己比规定的报考年龄小2岁。

虽然报考该校不需要高中毕业文凭，但年龄达不到报考条件也是没办法改变的事实。

于是爱因斯坦的一个亲戚给该校校长写了一封信。校长很认真地回了信，但在回信中他对爱因斯坦是不是天才提出了质疑。不过，校长肯定了爱因斯坦优秀的数学成绩，同意他参加考试。

1895年10月，爱因斯坦从米兰赶赴苏黎世，参加秋季入学考试。虽然不符合报考年龄一事多少还有些令人担心，但对于考上大学他还是充满了自信。

结果如何呢？

不用说，数学和物理考得非常棒，但文学、法语、动物学、植物学、政治学却考得一塌糊涂。不只是成绩偏科很严重，一般的通识类课程都不合格，所以他最终没有通过入学考试。

小学时，爱因斯坦与老师相处得不融洽；中学时觉得学习无聊的他与老师的关系也很糟糕；现在，大学的入学考试又彻底失败了。

日后被称作天才物理学家的阿尔伯特·爱因斯坦不仅是被中小学嫌弃，在大学的入学考试中也严重受挫。

考试失败后到地方高中复读

给穷途末路的爱因斯坦伸出援助之手的是惊诧于他数学和物理成绩的海因里希·韦伯教授，他建议爱因斯坦留在苏黎世作为旁听生旁听自己的课程。但校长建议爱因斯坦去苏黎世附近的阿劳上一年高中，该学校位于一个村庄，是一所州立高中。爱因斯坦在高中中途退学，也没有达到大学的报考年龄，补充一下欠缺的学力也是理所当然的。

幸好，家境富裕的亲戚恺撒·科赫可以帮忙支付学费，爱因斯坦便在瑞士的农村小镇阿劳住了下来。

入校后，他发现这所学校的校风比德国的

学校自由很多，有自己独特的课程，也不要求死板的练习和背诵，老师和学生可以自由交流，政治话题也不是禁忌。

唯一的问题是在每个国家都有的军训课。当爱因斯坦得知他没有瑞士国籍，因而不需要参加军训时，他高兴得跳了起来。自己不擅长的体育课，在这里又是选修课，这简直就是为他量身打造的学校！

妹妹马娅也对这所学校给予了高度评价：

"一句话，这所学校的教育方针是，比起聪明人的学识，更看重独立的思考。老师同样如此，比起自己的权威形象，更在意引导学生的态度。"

爱因斯坦后来这样赞扬这所学校：

"它让我知道了，充满自由的精神、重视人的行为和责任的教育要比重视权威的教育不知好上多少倍！"

也许是自由的校风起了作用,与慕尼黑的卢伊特波尔德文理中学时期不同,爱因斯坦适应了新学校的集体生活。与慕尼黑一样,瑞士也通用德语,无论是在乡村的生活还是在学校,爱因斯坦都没有感到任何的不自由。

在选修的音乐课上,爱因斯坦选择了他最喜欢的小提琴。

小提琴是爱因斯坦从孩提时代就会演奏的乐器,比起唱歌,更喜欢演奏的他希望能够学习一门小提琴的高级课程。

在阿劳,爱因斯坦借住在温特勒家(一个有7个孩子的温馨的教师家庭)并与他们结下了不解之缘。这家的女儿玛丽成了爱因斯坦最初的女朋友,另一个女儿安娜与后来成为爱因斯坦挚友的米凯莱·贝索结婚,而这家的儿子保罗则与爱因斯坦的妹妹马娅结成了夫妻。

阿劳的自然资源非常丰富,每到周末,爱因

斯坦就和温特勒一家去郊外的山野玩。绿油油的森林、牧场、果场，还有可以观察的野鸟，到处都是能够亲近大自然的环境。爱因斯坦用纸张和木头制作风筝和玩具，跟大家尽情地游玩。

爱因斯坦与玛丽的亲密关系始于周末的娱乐活动。玛丽喜欢弹奏钢琴，经常与爱因斯坦合奏乐曲。

现存的爱因斯坦回到意大利时写给玛丽的情书中写道："谢谢你充满魅力的可爱的来信。我感受到了永远的幸福。我可爱的天使啊，你让我感受到了恋家和恋人的味道。爱，可以带来大大的幸福。"

练小提琴比学习更用心

爱因斯坦为了备考大学，本来计划好好补

上成绩差的科目，但在阿劳的自由生活过于惬意，以至于他把学习的事情抛到了脑后，成绩依然偏科严重。

法语不及格，化学也不及格，当然自己擅长的数学和物理的成绩依旧出色。不过凡事不急不缓的父亲赫尔曼并没有表现出什么不安，这让爱因斯坦少了很多压力。

爱因斯坦还有一个得意的科目就是小提琴。老师在音乐课上对他的演奏水平很吃惊，赞扬他很有音乐才能。

有一次在当地教会的一场演奏会上，爱因斯坦担任第一小提琴手，一同演奏小提琴的同班同学对爱因斯坦演奏的音色和节奏也赞不绝口。

"你有数拍子吗？"同学瞪大眼睛问道。

"哦不，它存在于我的骨子里。"爱因斯坦骄傲地答道。

在现场聆听过小提琴演奏家约瑟夫·约阿希姆的表演后,爱因斯坦曾反复练习勃拉姆斯的《G大调第一小提琴奏鸣曲》。只要是自己喜欢的东西,爱因斯坦会完全着迷,这就是他的性格。

爱因斯坦对小提琴的热爱贯穿了他的一生。他把小提琴当作自家的可爱宝贝,不管到世界上哪个国家演讲都会把小提琴带在身边。在研究工作的间隙,他把小提琴当作转换心情或帮助寻找灵感的工具,爱不释手。

随着演奏小提琴的水平越来越高,本来不善交际的爱因斯坦也开始频频出现在各种公共场合。

就连地方上节日的庆祝活动,爱因斯坦也积极参加,完全不同于他原本的沉默性格,这让同学们吃惊不已。

放弃德国国籍成为无国籍人士

寄宿家庭约斯特·温特勒的思想给了爱因斯坦很大触动。爱因斯坦出生在主张富国强兵的德国,但他反对权威主义和军国主义的社会风气;而温特勒反对一切形式的民族主义,主张人类是世界公民,所以爱因斯坦对温特勒的自由民主思想深有同感。在后来的人生中,爱因斯坦与狭隘的民族主义划清界限,他提倡和平主义、世界联邦主义、国际主义和民主社会主义,而这些思想的缘起,可追溯到在温特勒家生活期间。

进入青春期后,爱因斯坦就开始考虑放弃德国国籍,而他最终将这一想法付诸实践则是在遇到温特勒并受其影响之后。

爱因斯坦是一个一旦作出决定就会立即实施的人。他给在意大利的父亲写信,请他帮忙办理放弃国籍的相关手续。1896年1月,也就是在阿劳稳定下来的第二年,爱因斯坦放弃了德国国籍。在阿尔伯特·爱因斯坦漫长的人生中,他有一段时期是没有国籍的,就是这个原因。

爱因斯坦受康德哲学的影响,对自己曾经狂热信仰的犹太教采取了否定态度。父亲在帮忙提交放弃国籍的材料时,在宗教一栏中填写了"无宗教",这正是爱因斯坦本人要求的。

在阿劳自由而愉快的生活让在慕尼黑郁闷无比的爱因斯坦活跃了起来。他一扫少年时阴郁的性格,变得幽默和开朗。爱因斯坦真正的性格也许就是在这里开始形成的。

起初偏科严重的成绩也慢慢地实现了平衡。最不擅长的法语,在满分6分中取得了3分,其他科目的成绩则过了5分线,考上大学的希望逐渐明晰起来。

大学入学考试的日期越来越近，爱因斯坦高兴地接到了通知说只要他通过了笔试和口试，就可以进入苏黎世理工学校学习。

就在大学入学前，父亲赫尔曼的公司又一次倒闭了。但父亲不接受失败的教训，又准备向亲友借钱开设新的公司。

爱因斯坦在得知这个消息后非常生气，联系亲友，叫他们不要借钱给爸爸。十几岁的爱因斯坦已经知道爸爸不是做生意的料了。

与此同时，爱因斯坦对未来的想法越来越明晰。曾经为了支撑家业，他答应父亲要做一名电气工程师，但现在他决定收回自己的承诺。

"为了改善日常生活而耗费自己身上的创造性能量是多么不值得啊！要为思考而思考。"

"为思考而思考"，为了进入苏黎世理工学校研究物理和数学而学习，这成了爱因斯坦坚定的目标。

第三章

挑战权威和现有观点的年轻的不妥协主义者

———

屡遭大教授嫌弃的
大学生涯和长时间的待业经历

17 岁考上苏黎世理工学校

虽然有父亲公司破产这种烦心事,但爱因斯坦在 17 岁时还是考进了苏黎世理工学校,这所大学的培养目标是教师和技术工作者。爱因斯坦考上了培养数学和物理专任教师的专业。

由于家里已经没钱了,爱因斯坦只能靠母亲的亲戚尤利乌斯·科赫资助学费和生活费。为了积攒申请瑞士国籍的费用,他每个月还会从中匀出一部分钱存起来。

爱因斯坦考上的这所心仪大学有许多很有名的教授。但在听了著名的数学教授赫尔曼·闵可夫斯基的课后,爱因斯坦非但没有被感动,还对课程和教授提出了批判,引得大家议论纷纷。

"大学教授不管学生听不听课,只是自顾自地说话,好无聊!"

接着爱因斯坦采取了行动:无聊的课就不去上!后来在爱因斯坦发表相对论时,闵可夫斯基教授从数学角度对它进行了论证;但在爱因斯坦的大学时代,他却给爱因斯坦贴上了爱斗嘴、爱逃学的标签。

让·佩尔内教授负责物理实验和实习课,他给爱因斯坦打出了这门课的第一个最差成绩:1分!爱因斯坦本来就很讨厌实验课,也基本上不参加实习课,所以成绩差也不足为奇。

学校管理部门对学生逃课的行为很生气,决定以校长的名义进行惩戒。

"大学需要学术自由,所以我反对惩戒!"

爱因斯坦大声反对。

他偶尔也会去上课，但常常引起混乱。在佩尔内教授的实验课上，他把写有实验程序的纸片丢进垃圾箱，自己试验别的做法。结果有一次实验失败，引起了爆炸，导致他的右手重伤。

教授恼怒地问实验室的助教："他是不是因为完全不按照我提示的做法操作才引起爆炸的？"

助教答道："是的。不过，他的答案是正确的，而且他的方法也非常有意思。"

电气工程学的先驱、著名教授海因里希·韦伯在爱因斯坦第一次报考不合格时，因惊讶于他数学和物理的好成绩，曾建议他作为旁听生留下来，可以说是第一个认可爱因斯坦能力的人。爱因斯坦在刚开始时也很喜欢韦伯教授的课，差不多有两年时间，两个人的关系非常好。但在大学的后半段，爱因斯坦开始对韦伯教授的课不满起来，认为课程内容千篇一律且都是些陈旧的物理理论。

想学习詹姆斯·克拉克·麦克斯韦的最新电磁理论的爱因斯坦最终跟韦伯教授形成了对立。爱因斯坦不再去听他的课，两人的关系也越来越糟。

爱因斯坦总是叫同学马塞尔·格罗斯曼记下笔记，自己却不去上课，而是待在宿舍专心学习和思考。不过，虽然爱因斯坦不去上课，他的成绩却比格罗斯曼的要好。

"为什么你不上课成绩却还那么好？"

格罗斯曼总是这样惊叹道。每当这个时候，爱因斯坦也总是答道：

"都是因为你的笔记记得太好了！"

这不是爱因斯坦对朋友说的客套话。格罗斯曼的笔记非常完整，简直可以直接拿来印刷出版。

在大学结交的终身挚友

爱因斯坦不仅会借别人的笔记,如果别的同学向自己借用,他也会很爽快地把自己的笔记借给别人。他是一个不排挤竞争对手、不使坏心眼的豁达之人。

借格罗斯曼笔记的不止是爱因斯坦,弗里德里希·阿德勒也是其中一个。

阿德勒是奥地利政治家的儿子,他的志向是子承父业,所以他热衷于政治活动,也不去听课。

这两个人都是爱因斯坦的好友。

爱因斯坦还有一个密友,即有着犹太血统的意大利人米凯莱·贝索,他在爱因斯坦创立相对论时发挥了重要的作用。

爱因斯坦的第一任妻子米列瓦·马里奇也是他在这所大学的同学。她是奥匈帝国的塞尔维亚人,来到这所人才济济的大学学习,希望将来成为一名大学教授。

大学生活虽然非常快乐，但要靠亲友的接济过日，日常的伙食也就是面包和牛奶，十分拮据。但对一个充满理想的大学生来说，再贫困的生活也不觉得苦，更何况学习是比任何事情都快乐的事。

爱因斯坦在大学的成绩如何呢？从1898年的中期考试来看，满分6分，他平均得分5.7分，是班上成绩最好的；第二名则是借给他数学笔记的马塞尔·格罗斯曼。

对自己不感兴趣的科目，他连课都不去上，对教授们也不够尊重，这些表现都对他毕业后的求职产生了很大影响。

大学4年很快就过去了，最后的难关是毕业论文。

到了非写论文不可的时候，爱因斯坦向韦伯教授提出他想研究地球相对于以太的运动会如何影响光的传播。

爱因斯坦从小就对光的特性感兴趣,所以这是他非常想研究的题目,也预示了他后来创立相对论的研究方向和他所关心的课题。但在与教授讨论后不久,他读到了一篇论文,其中描述了许多尝试寻找以太的实验,包括后来著名的迈克尔逊-莫雷实验。

没有办法,爱因斯坦只好做韦伯教授研究领域的课题——关于热传导的研究。由于选择了一个不感兴趣的题目,论文的评价当然也不会太好。

想找一份助教工作却全部失败

1900年夏天,即将毕业的爱因斯坦考虑留在大学找一份助教工作。虽然工资不高,但对于立志要从事物理研究的爱因斯坦来说，这是一条必经之路。

决定助教工作的是教授。从教授们的选择中可以真实地看出他们是怎样评价爱因斯坦的品行的，因为没有哪个教授会把助教的工作交给一个自己讨厌的学生。

佩尔内教授是多次训斥过他的，所以从一开始连爱因斯坦自己都觉得找他很勉强。

韦伯教授，说起来也是对爱因斯坦非常反感。

爱因斯坦的数学成绩很好，而数学教授阿道夫·胡尔维茨那里正好有一个机会——他的一个助教这时正好去高中当老师了。

"所以我想，毫无疑问我会作为他的继任者被录用。"

但爱因斯坦的美梦再一次破灭了，因为胡尔维茨也没有忘记爱因斯坦在课堂上对自己的不尊重。

因此,爱因斯坦虽然顺利毕业了,找工作的事情却没有任何进展,而亲戚的资助在他毕业时就停止了。为了维持生计,他不得不做一些家庭教师的零工。恋人米列瓦的毕业考试不及格,延迟毕业一年,但两人依然相约情定终身。

上一年秋天提交的瑞士国籍申请还没有批下来,原因是他自己只有打零工做家庭教师的收入,而父母也没有多少财产。虽然他通过了是否是一个良好市民的严格调查,但瑞士政府对他的一些不合常态的行为仍十分谨慎。

大学毕业3个月了,爱因斯坦的工作依然没有定下来。他在苏黎世的住所里无所事事地过着日子。钱包已经见底,吃饭也变得有上顿没下顿。

为了找一份助教工作,爱因斯坦找了很多

门路，但都没有满意的回音。在这种情况下，爱因斯坦开始考虑去卢伊特波尔德文理中学做老师。但不管在哪个国家，一个没有国籍的人是做不了公立学校的老师的。在瑞士，情况也是如此。

"毕业后我们一起在瑞士生活吧！"

爱因斯坦虽然向米列瓦求了婚，精神上却振奋不起来。

衣食无着的爱因斯坦不得不暂时回到米兰。工作仍然没有着落，他再次焦躁起来：

"回到苏黎世直接找胡尔维茨教授看看。"

爱因斯坦又离开了米兰。

专程回到苏黎世找胡尔维茨教授的爱因斯坦并没有找到教授，最终只给教授留了一封信。信中也只是解释了一下，因为自己对物理感兴趣，所以没有去上微积分的课，也没有去上对就业有帮助的讨论课的情况，并没有在信中积极推销自己,也没有称赞教授的课有多么好。

无论是对权威的教授,或是对其他人,爱因斯坦仍旧保持着他不善于阿谀奉承的性格。因此就算是给教授写一封求职信,他也不会使用一些委婉的言辞。一个令人讨厌的、妄自尊大的学生所写的一封傲慢无礼的求职信,自然不会促成任何进展。

22 岁获得盼望已久的瑞士国籍

1901 年 2 月,在爱因斯坦毕业后的第二年,他盼望已久的瑞士国籍终于获批,正好是在他 22 岁生日之前。虽然经过了种种调查和等待,但总算不再是无国籍人士了。瑞士国民有服兵役的义务,所以爱因斯坦也接受了征兵体检,但因有扁平足、多汗症、脚部静脉瘤等缺陷，体检结果不合格。据说爱因斯坦虽然讨厌入伍，但对这个结果也是大为不满。

获得瑞士国籍后不久，爱因斯坦收到了父母让他回米兰的来信。之前父母让他保证，如果在复活节之前还不能找到工作，他就必须回米兰。

父亲希望爱因斯坦能将陷入困境的家族企业继承并经营下去。考虑到爸爸体弱多病，爱因斯坦很不情愿地回到了米兰。

米列瓦看到爱因斯坦将随身行李丢在公寓又回到了米兰，很是失望。不过，爱因斯坦并没有要跟她废除婚约的打算。

在米兰，爱因斯坦买了很多双邮资明信片，不断给很多大学教授寄去求职信。

爱因斯坦还给德国莱比锡大学的威廉·奥斯特瓦尔德教授写了信，并附上了自己3月份在欧洲权威学术期刊《物理年鉴》上发表的有关毛细管现象的论文，但依旧没有收到回信。父亲赫尔曼看到垂头丧气的爱因斯坦，还私底下给奥斯特瓦尔德教授写了一封情真意切的信，但同样石沉大海。

后来才知道，奥斯特瓦尔德教授根本就没有看爱因斯坦的信。作为一个知名教授，经常会收到很多默默无闻的学生寄来的求助信件，他没有时间一一回复。虽然在后来爱因斯坦发表相对论论文时，奥斯特瓦尔德教授给予了高度评价，认为那是划时代的成果并第一个提名爱因斯坦为诺贝尔奖候选人，但在当时他跟爱因斯坦还没有交集。

走投无路的爱因斯坦开始认为自己之所以屡屡被知名教授拒绝是韦伯教授在捣乱。因为他坚信，教授们在收到自己的信后一定会向自己的毕业论文指导老师了解自己的品学情况。

韦伯教授是个传统的、权威的教授，爱因

斯坦却大摇大摆地跟他唱反调、提异议，以至于毕业前两人矛盾重重。

爱因斯坦在称呼韦伯教授时也不加"教授"的称谓而是直呼其名。所以就像他在卢伊特波尔德文理中学时曾被老师嫌弃，韦伯教授也告诉他：

"你聪明是聪明，但缺点也很严重，就是完全听不见别人对你的评价。"

其实，韦伯教授对爱因斯坦的看法并不是带情绪的挑刺，而是一语道破了爱因斯坦的性格。

在给朋友的信中谈到穷困潦倒的爱因斯坦时，米列瓦曾半开玩笑地感叹道：

"我的男友是一个言辞犀利的'毒舌'。"

也难怪，爱因斯坦的大学同学个个都顺利找到了工作，唯独他一个人还没有着落。

贝索：帮助完成相对论的密友

待在米兰的爱因斯坦去拜访了久违的朋友——大学时代的密友米凯莱·贝索。年长一些的贝索比爱因斯坦先毕业，在一家土木建筑公司工作，他的结婚对象就是爱因斯坦在阿劳时的房东温特勒家的安娜。

两人虽然很久没有见面，但爱因斯坦很兴奋地跟他谈了很多有关科学的话题。贝索才华横溢又阳光爽快，但也是一个说话天马行空，想法有些不着调的人。对于思考复杂的物理结构并对其进行科学推断和验证而言，贝索的开放性想法正好使他成为爱因斯坦很好的讨论对象。

他们就以太的性质以及绝对静止的定义进行了长达 4 小时的讨论。以太是一种假想的物质，被认为是光传播的介质。由于这种物质是否真的存在还未得到实验检验，所以这是新一代的物理研究者非常关注的一个课题。

在给米列瓦的信中，爱因斯坦也对贝索给予了肯定：

"跟贝索聊天也许会让人迷失全景，但他对我们的研究确实非常关心。"

贝索常常对爱因斯坦的方案和构思随心所欲地发表意见，这对拓宽爱因斯坦的思路起到了回音壁一般的作用。

不久，米列瓦传来了怀孕的消息，爱因斯坦高兴万分，但一想到工作还没有着落便又不知如何是好。

一直无所事事也不是办法，爱因斯坦决定再回到苏黎世。正好郊区一个镇上的工业专科学校在招聘临时教师，虽然只是一份仅仅两个月的工作，但对于一个还没有工作的人来说，他也发不了什么牢骚。

心都还没怎么安定下来，不幸又接踵而至。父亲的公司第三次破产了（在慕尼黑是第一次），妈妈让爱因斯坦为妹妹马娅的学费想办法。本来自己一个人的生活就够让他头疼的了，现在还要考虑马娅、米列瓦以及将要出生的孩子，爱因斯坦一阵迷茫，只能想方设法拼命工作去养活大家。

临时教师的工作结束后，爱因斯坦又在苏黎世郊区的另一所私立学校找到了一份教书的工作，还包吃包住。爱因斯坦马上打包行李搬了家。

米列瓦的肚子越来越明显，她离开了苏黎世的公寓，悄悄地住进了附近一个村庄的旅店。

在当时的欧洲，私生子受到社会歧视，未婚先育也不能公开，而且周围的人对通过移民申请获得国籍的人又特别严厉，不符合社会一般规范的行为可能会引起很大麻烦。因此,米列瓦不能跟爱因斯坦住在一起。

好不容易找到的教书工作又因为跟学校领导关系闹僵,在几个月之后就又结束了。不久,米列瓦回到塞尔维亚的父母家待产。无业状态的爱因斯坦回到苏黎世,利用空闲时间撰写了有关气体分子间作用力的博士论文并提交给了苏黎世大学的阿尔弗雷德·克莱纳教授(当时的苏黎世理工学校还没有资格授予博士学位,但其课程为苏黎世大学所承认)。

格罗斯曼:帮自己找工作出谋划策的密友

就在这时,爱因斯坦遇到了大学时代的密友马塞尔·格罗斯曼。

"嗨,阿尔伯特,好久不见!"

"你还是老样子啊，那么精神。"

虽然爱因斯坦也强打精神，但很快就吐出了真言：

"我现在正失业呢。"

看到爱因斯坦如此窘迫，格罗斯曼同情起他来：

"是吗？不过没必要那么悲观！"

格罗斯曼鼓励着爱因斯坦，可在爱因斯坦身上却看不到大学时代那种自信满满的神态了。

格罗斯曼告诉垂头丧气的爱因斯坦会帮他找找工作。格罗斯曼的父亲是个很厉害的人物，人脉又广，所以他对爱因斯坦的承诺并不完全是故弄玄虚。这对因工作没有着落而萎靡不振的爱因斯坦来说，或许是最后的机会了。

没多久格罗斯曼就来信了，说在瑞士首都伯尔尼的专利局有一个职位空缺，而那里的局长是格罗斯曼父亲的至交，可以帮忙推荐。

"虽然需要搬家,但在别的城市生活也是一件快乐的事情。"

格罗斯曼的鼓励救了爱因斯坦。

他马上写了回信:

"你没有忘记我这个不走运的朋友,还这么热情地为我着想,太让我感动了。我一定会全心全力,不辜负你的推荐。"

虽然工作还没有确定,但爱因斯坦还是高兴万分,还给待在父母家的米列瓦写了一封信:

"你想象一下,这对我们是多么好的一份工作啊,你一定会高兴得忘乎所以。"

专利局的专利审查员属公务员序列,不能中途加入,必须等到公开招聘的时候。几个月后终于等来了公开招聘的公告,爱因斯坦立刻前往应聘。

工作有了眉目,爱因斯坦又精神了起来。不久,米列瓦来信说生了个女儿。出生前,爱因斯坦就想好了女儿的名字——莉泽尔。米列瓦还要在父母家待一段时间，在她回到瑞士前，爱因斯坦一直一个人过。

据说，女儿出生后不久就被送往别人家寄养了。有一种说法是，她后来没多久便死于猩红热；但也有说法认为，在爱因斯坦过世时她还活着。总之，关于爱因斯坦的第一个孩子，到现在还有很多谜团没有解开。

爱因斯坦和米列瓦对自己的第一个孩子也都守口如瓶，作为只有他们两人知道的秘密深藏在心中。

为了解决在正式确定专利局工作前的生活费问题，爱因斯坦在报纸上刊登广告，表示愿意提供物理和数学方面的私人辅导。看到广告第一个找过来的是在伯尔尼大学学哲学的大学生莫里斯·索洛维内；不久后，苏黎世理工学校出身的康拉德·哈比希特也加入了进来。

他们把这个自由探索物理学的沙龙取名为"奥林匹亚学园",园长就是最年轻的爱因斯坦。过了一段时间,康拉德的弟弟保罗·哈比希特也加入了进来。

这个私人化的沙龙不仅讨论物理等科学问题,还讨论哲学问题,有时甚至还朗读并讨论小说,而这对拓宽爱因斯坦的知识面起了很重要的作用。由于课时费太过便宜,当初想借此补贴生活费的目的没有达到,但他们因此成了交流不断的终身朋友。

自己撤回最初的博士论文

由于提交的博士论文没有任何回音,爱因斯坦决定亲自去拜访克莱纳教授。但克莱纳教授浏览了一遍论文后,认为如此尖锐地挑战现有科学体系的内容存在问题，便没有接收。学位审查的费用被退了回来，爱因斯坦的生活费暂时有了着落。

爱因斯坦和米列瓦决定结婚，但父亲赫尔曼和母亲保利娜坚决反对。特别是母亲对爱因斯坦最初相处的女孩（那个开朗活泼的温特勒家的玛丽）格外喜欢。

米列瓦比爱因斯坦年长 4 岁，还因为天生的股关节脱臼造成行走不便，而且又是一副弱不禁风的形象，所以保利娜对她没有好感。

大学的同学们也觉得爱因斯坦和米列瓦这一对不太合适。但爱因斯坦对相貌等外在因素一点也不在意，坚定地选择了米列瓦。当朋友们提醒将来可能没有好的结果时，爱因斯坦总是帮米列瓦说好话："她可是一个温文尔雅的女孩哟。"

爱因斯坦之所以会爱上米列瓦，并不仅仅

是觉得她有做妻子的本分，还因为她的知性。在来往的情书中，爱因斯坦也喜欢谈及自己关心的光的话题，而对于这些高深的科学话题，理科生米列瓦不但看得懂，还能提出建议。

在给米列瓦的信中，爱因斯坦写道：

"能有一个可爱的博士做恋人，是多么幸福的事啊！"

刚开始的时候，爱因斯坦给妹妹马娅看了米列瓦的照片，但妹妹也察觉到了妈妈的反应，所以对哥哥结婚一事的回应也不积极。

母亲保利娜从一开始就表示坚决反对，不管爱因斯坦说什么，她都会变得非常激动，就是不同意他们两人结婚。母亲对米列瓦的这份厌恶也影响到了她与儿子的关系。

父亲赫尔曼之所以反对是因为他认为"一个男人没有工作，生活都不安定，哪有资格谈婚论嫁"！

1902年夏天，爱因斯坦终于可以在专利局工作了，找到这份工作真不容易。从毕业到现在，已经过去了将近2年的时间。

在经过严格的面试后，6月16日，爱因斯坦终于收到了录用通知，职位是瑞士联邦知识产权局三级专利审查员。虽然只是试用，但薪水比留在大学还要好，如果考虑结婚生活的话，这已是一份待遇相当不错的工作了。此后7年他一直在这里工作，最初有关相对论的论文也是在伯尔尼诞生的。

终于找到工作但至爱的父亲也因病过世了

专利审查员的工作就是审核专利申请材料，编制正确的文件。这样一份工作，有的人会发牢骚认为是"很无聊，又是最底层的工作"；

爱因斯坦却在审核申请材料的工作中，找到了人生的意义。

专利局的领导弗里德里希·哈拉告诉爱因斯坦，对所有的申请材料都要有一份质疑之心。

专利审查员必须要有质疑的精神，首先必须要怀疑发明人是不是在编造一些对自己有利的谎言；如果没有这个前提，审查员就发现不了申请材料中的不实之词。就非常讨厌现有观念的束缚，这份工作对他而言真是求之不得。

反过来，要是当初爱因斯坦得到了一份助教工作，结果又会怎样？他又能否甘心遵照教授指示开展研究工作并撰写论文？对于不善于服从的爱因斯坦来说，助教的工作或许坚持不了多久。

工作有了着落，爱因斯坦的人生也总算开始走上正轨，但没过几天不幸便接踵而至。患有心脏病的父亲赫尔曼因病情恶化去世，享年

55岁。爱因斯坦悲痛欲绝。

"这是人生最大的打击。明明生意看不到前途,爸爸为什么还不把公司关了呢?因为太勉强自己,给了身体太多的压力,才导致病重去世。"

母亲保利娜拜托亲朋好友帮助她回到德国生活。

爱因斯坦回到伯尔尼,决定与米列瓦结婚。一直持反对意见的父亲在临死前同意了这门婚事,但母亲仍然坚决表示反对。婚礼没有拘泥于形式,只是邀请了一些朋友和熟人到餐厅小聚,双方的家人没有一个人出席。

爱因斯坦渐渐地适应了专利审查员的工作,他每天大概花费3个小时就可以把工作做完,然后匀出时间开展自己的研究。上司哈拉对能够很好完成工作任务的爱因斯坦采取了宽容的态度。就算爱因斯坦将研究笔记散乱地铺满桌面，哈拉也不横加干涉，因此爱因斯坦能够在工作之余锤炼研究思路。

不久，大儿子汉斯·阿尔伯特·爱因斯坦出生了。对于婚前失去女儿的爱因斯坦和米列瓦来说，儿子的出生是莫大的喜悦。爱因斯坦的工作也从试用转为正式录用，工资待遇提高了，生活也多少有了一些富余。

其间，爱因斯坦进一步思考了从小关注的光的问题。光是宇宙中速度最快的物质，其速度大约是 30 万千米每秒。打个比方，光从地球到月球大概只需 1 秒多的时间。

爱因斯坦于是设想，如果以光一样的速度运动，光是不是看上去就是静止的？

米凯莱·贝索是与爱因斯坦讨论研究问题的好伙伴。他们虽然分别居住在意大利和瑞士，但频繁通过信件进行交流。由于两个人非常投缘，爱因斯坦便考虑让住在意大利的贝索搬到自己身边。

爱因斯坦建议贝索来瑞士生活。贝索在意大利的土木工作并不顺利,而爱因斯坦工作的专利局碰巧要招聘一个技术岗位,于是贝索前来应聘。1904年,贝索被录用了。

如爱因斯坦所愿,贝索带着家人一起来到了伯尔尼,住在爱因斯坦所住公寓的旁边,两人不再需要信件往来了。加上"奥林匹亚学园"的成员们,爱因斯坦营造出了一个最有利于研究的环境。

第四章

撼动了物理学界的相对论

——

平等、坦率对待所有人的
大学教授

对固有常识——以太学说提出否定

爱因斯坦从小就抱有疑问的是光的性质问题。光以惊人的速度传播，还有反射和折射等不可思议的现象，爱因斯坦长时间着迷于此并试图解开其中的奥秘。

物理学的先驱牛顿认为光的实体是微小的粒子。据此可以解释光的直线传播，却不能充分阐明光的折射现象。

从牛顿时代开始，就有人认为光并不是牛顿认为的微粒而是一种波。粒子说和波动说长期以来争执不下。但到了19世纪，经过各种实验和理论研究，光的波动说逐渐被确立起来。

也就是说，牛顿的粒子说遭到了否定。

如果光是粒子，就很容易理解它能够在真空中传播（比如从远方的星球传到地球上）；但如果光是波，就必须要有传播它的介质。比如声音（声波）的传播介质通常是空气，水波的传播介质是水。关于光的传播介质，科学家们假设是一种叫作以太的物质。但一直以来，虽然科学家们相信以太存在，却没有一个人能够给出直接的证明。

对于这个以太学说，爱因斯坦正面给予了否定，他大胆地认为以太根本就不存在。

让我们稍微来回顾一下物理学的历史。经典物理学的奠基者是以万有引力而闻名、出生于17世纪中叶的科学家艾萨克·牛顿（1643—1727）。

牛顿从树上掉下的苹果得到启发，提出了万有引力学说并发现了月球的引力对地球影响巨大，比如引发潮汐等。牛顿根据万有引力定律和三大运动定律，统一解释了从地球上的物体运动到天体运动的所有运动现象。

牛顿出生于伽利略·伽利莱去世之年。伽利略是通过望远镜观测天体、解开了宇宙奥秘的物理学家。他们两人奠定了物理学的基础。

跟万有引力定律和运动定律的相关研究不同，电磁学是物理学的另一个研究领域。19世纪，英国一个铁匠的儿子迈克尔·法拉第（1791—1867）发现变化的磁场可以产生电流（电磁感应现象）。我们上学时可能都做过一个基本的科学实验——把线圈缠起来，在其中移动磁铁就会产生电流。发现这一现象的就是法拉第。发电机的诞生给人类带来了电，对文明的发展贡献巨大，而其基本构造到了21世纪也没有什么改变。

将法拉第等人关于电场和磁场的实验结果

用方程式表达出来的是苏格兰人詹姆斯·克拉克·麦克斯韦（1831—1879），他还预言了电磁波的存在。爱因斯坦正好在麦克斯韦去世那年出生，命运就是如此巧合，爱因斯坦觉得继续拓展麦克斯韦的研究是自己的使命。

爱因斯坦对麦克斯韦的电磁理论给予了高度评价并对其进行了深入研究。爱因斯坦的狭义相对论，简单地说，可以看成是以麦克斯韦的理论为基础，对牛顿方程式重新改写的结果。而且在晚年，爱因斯坦还尝试将自己确立的引力理论和电磁理论统一起来，构建出统一场论。

破解宇宙原理

1905年春天，爱因斯坦对贝索说，他长年以来关于光的思考似乎就要得出结论了。

"米凯莱，有关宇宙，到现在为止虽然都还是些混沌不清的疑问，但我破解这些疑问的拼图只差最后几块就能完成了。"

"真的吗？那可太好了！"

然后两人将专利局的工作放到一边，热烈地讨论了起来。但在讨论之中无法简单地得出结论。疲惫不堪的爱因斯坦回到家里，感到了些许绝望，心想真正的法则也许永远都找不到了。带着这种不安，他睡着了。

第二天早上，一睁开眼，他觉得自己的思路非常清晰。

"我的心中刮起了一股狂风。上天送来了灵感。"

他一边说着一边走向书桌，记下了浮现在脑海中的思路。然后，他找到贝索，信心十足地说道：

"谢谢你，我已经彻底解决问题了。"

这一年（1905年），爱因斯坦发表了5篇论文。

第一篇是《关于光的产生和转化的一个启发性观点》，共17页，其中认为光是由一种带有某种能量的微粒构成的。这能解释光电效应，却与19世纪确立起来的光的波动说明显矛盾。他为解决这个矛盾所作的努力对后来量子理论的建立和发展作出了巨大贡献。有关光电效应的技术如今应用于光传感器和太阳能电池等领域。爱因斯坦后来获得诺贝尔物理学奖并不是因为相对论，而是因为这篇关于光电效应的论文。

接着是《分子大小的新测定法》，其中研究了白糖分子的大小，计算出它的半径约为1纳米（1/1000厘米）。这篇论文是爱因斯坦向苏黎世大学提交的博士论文。

第三篇论文是《热的分子运动论所要求

的静液体中悬浮粒子的运动》，其中从理论上证明了英国植物学家罗伯特·布朗发现的布朗运动。

布朗发现将花粉放入水中时，花粉颗粒呈不规则的连续运动。在各种生物和非生物的微粒中也都观察到了这种现象，对于为什么会出现这种运动却一直没有正确的解释。

爱因斯坦认为，布朗运动是肉眼看不见的水分子和花粉颗粒碰撞的现象。在当时，分子和原子的存在性还没有得到确认。爱因斯坦的这篇论文找到了分子存在的证据，并通过计算对分子运动进行了说明。

发表最初的相对论理论

6月，爱因斯坦发表了第四篇论文《论动

体的电动力学》。这是一篇划时代的论文，它对将近 200 年来被广泛接受的牛顿物理学提出了挑战，是引起物理学界大讨论的相对性原理的第一篇论文。

第五篇论文《物体的惯性同它所含的能量有关吗？》可看作是前述论文的续篇。这五篇论文，除博士论文外，其他四篇都发表在著名的《物理年鉴》上。

爱因斯坦在 26 岁时提出了划时代的狭义相对论，是他作为年轻物理学家迈出的重要一步，尽管到最终完成广义相对论还要花费大约 10 年的时间。

给所有这些论文做最后校对的是妻子米列瓦。她一边照顾着幼小的汉斯，一边努力校对。爱因斯坦写完这些论文后，累得断断续续睡了两个星期。

发表这五篇重要论文的 1905 年，不仅对爱因斯坦而言是"奇迹之年",而且由于他让延续了200年的牛顿物理学往前迈出了一大步,在这个意义上,这一年也被称作"科学的奇迹之年"。

爱因斯坦的狭义相对论认为,无论在哪种惯性参考系中观察,光的速度都是相同的(光速不变原理);如果静止的人观测运动物体,运动物体的钟就会变慢,而那里的尺子会沿着运动方向缩短。

在这里,钟是测量时间的手段,尺子是测量空间的手段。因此,因牛顿力学而广为人知的不变的时间和空间(绝对时间和绝对空间)就不存在了。

爱因斯坦在第五篇论文中,提出了表明宇宙所含的巨大能量的著名方程式:

$$E=mc^2$$

E 是能量,m 是质量,c 是光速。爱因斯坦认为，能量（E）与质量（m）是等价的。又由于c是一个非常大的值，这意味着非常有限的质量能够转化成巨大的能量。爱因斯坦将这个方程式描述为"相对性原理最重要的结论"。

基于这个结论，我们就可以解释太阳如何在漫长的岁月里持续燃烧，通过核聚变获得能量。

爱因斯坦在投出狭义相对论的论文后，迟迟未见发表，心情不禁焦虑起来。9月，论文刊出，心里的石头总算落地，但论文并没有获得期待的反响，爱因斯坦的心情不禁又糟糕起来。

这时，德国著名物理学家马克斯·普朗克来信讨论其中的问题。爱因斯坦立即写了回信，但没有收到回音。实际上，普朗克正是当初论文的评审者，并在爱因斯坦的论文发表后马上将其中的观点在课堂上进行教授。

取得博士学位并成为大学讲师

1906年，爱因斯坦的论文引起了较大反响。普朗克再度来信讨论相关问题；夏天，他还派助手马克思·冯·劳厄来苏黎世拜访爱因斯坦。劳厄回到德国后，撰写了赞赏相对性原理的论文。渐渐地，其他学者也开始跟爱因斯坦讨论相关问题，相对论的反响慢慢扩大。

反响小的原因是不是因为跟科学家交往的机会太少呢？爱因斯坦想，如果自己当上大学教授，应该就可以扩大交流讨论的圈子了。

在完成4篇论文的时候，爱因斯坦还向苏黎世大学再次提交了博士论文（4年前提交的博士论文当时已经撤回来了）并顺利取得了博士学位，要成为大学教授却必须一步一步来，没有经过讲师或副教授的阶段是不能成为教授的。

向爱因斯坦伸出援手的，是接收了爱因斯

坦博士论文的苏黎世大学的阿尔弗雷德·克莱纳教授。他认为爱因斯坦日后将成为一名杰出的物理学家，所以建议爱因斯坦先去伯尔尼大学做一名讲师。

爱因斯坦也觉得，在伯尔尼可以一边继续专利局的工作，一边教书。自己已经组建了家庭，如果辞掉专利局的工作去很远的地方当大学讲师是不现实的。

爱因斯坦立即附上自己的 18 篇论文，向伯尔尼大学提出求职申请，但担任系主任的教授表示理解不了这些论文，完全无视了他的申请。克莱纳教授建议爱因斯坦不要放弃，鼓励他继续求职。

专利局的工作很适合搞研究。如果一天的工作可以在短时间内做完，他就可以匀出充足的时间琢磨研究的思路。在发表相对性原理的论文之后，爱因斯坦在第二年、第三年也同样成果丰富，他甚至以更快的节奏发表论文。

就这样，爱因斯坦每天都过着充实的生活。周末跟儿子一起玩，或带上自己十分喜欢的小提琴去参加朋友们的演奏会。米列瓦是爱因斯坦学术思考的倾听对象，她也非常高兴丈夫是一个能在家里陪孩子的好父亲。

1908年2月，爱因斯坦向伯尔尼大学第二次提出求职申请并被录用成了一名大学讲师。每周授课两次，分别是星期二和星期六。由于还有工作，所以授课从早上7点开始，这是学生很不愿意出席的时间段，但对爱因斯坦来说，这算是向成为教授迈出的一小步。

在伯尔尼大学的夏季课程上，爱因斯坦讲授的内容是"辐射的原理"。只有4个学生来听讲，其中就包括贝索。星期六的早上7点是谁都不感兴趣的时间段，所以基本上没有学生来上课，因此爱因斯坦自己也懒得认真准备课件了。

成为苏黎世大学副教授

在仅有的几个听课学生中,有一个令爱因斯坦高兴的人,那就是妹妹马娅。她在伯尔尼大学学习语言和文学,为了听哥哥的课来到学校,却不知道教室在哪里,于是她向门卫打听:

"我是爱因斯坦老师的妹妹,请问我哥哥上课的教室在哪里?"

"什么?那个穿得邋邋遢遢的人是你哥哥?"

面对又叹气又吃惊的门卫,马娅也呆住了。

在专利局有了相当的收入又有了家庭,工作和生活都上了正轨,而且还发表了相对论,作为科学家的地位也在慢慢建立,爱因斯坦却还总是不修边幅。

在担任伯尔尼大学讲师后不久,爱因斯坦去了趟萨尔茨堡,面向100多位知名科学家作了一次演讲。邀请一个瑞士小公务员来作演讲是非常罕见的,但包括马克斯·普朗克在内的科学家聚集一堂,来听爱因斯坦的狭义相对论。这次演讲被沃尔夫冈·泡利称为"物理学发展的里程碑",而泡利后来对量子力学的建立作出了重要的贡献。

另一方面,爱因斯坦在伯尔尼大学的授课没有什么起色,但有一个人在偷偷关注爱因斯坦的课,那就是建议爱因斯坦来伯尔尼大学求职的克莱纳教授。实际上,克莱纳教授已经决定推荐爱因斯坦担任苏黎世大学的副教授,所以他试着邀请爱因斯坦到苏黎世大学作报告。报告很成功,爱因斯坦也被问到是否愿意担任副教授。

关于苏黎世大学的教授聘用考评还有这样一段传闻。除了把爱因斯坦列为候选人,学校还将另一个长期在这所学校作讲师的弗里德里希·阿德勒列为候选人,阿德勒是爱因斯坦大学时代的同班好友。

教授遴选委员会本来是决定提拔阿德勒为副教授的,但阿德勒觉得这是出于他父亲的影响力,他父亲是创建了奥地利社会民主工人党的实力派政治家。阿德勒拒绝接受后委员会才开始认真讨论另一个候选人爱因斯坦。尽管有人对他的犹太人出身提出了异议,但大家对他出色的能力没有任何怀疑,最后还是决定聘用爱因斯坦为副教授。

这个传闻很容易让人想到是为了朋友而成人之美的佳话,但其实阿德勒本人对政治有强烈的抱负,是被父亲逼着才做学问的,这样顺水推舟可以说是一种反抗;另一方面,也是因为他对爱因斯坦作为物理学家的能力十分敬佩。阿德勒后来回到祖国从事政治活动,开始了其坎坷的政治人生。

获得日内瓦大学荣誉博士学位

1909年7月6日,在苏黎世大学的聘用正式确定后,爱因斯坦向专利局提交了辞去二级专利审查员的辞职信。

"这是为什么呀,阿尔伯特?"

"我要在苏黎世大学继续研究工作,所以不得不辞职。"

"难以置信。这个玩笑可开得不怎么样!"

上司用玩笑的口吻表达着吃惊。爱因斯坦在专利局已经工作了7年,大家都很喜欢他。

不久,第二个孩子爱德华出生了,爱因斯坦一家变成了四口之家。

这时,爱因斯坦获得了日内瓦大学的荣誉博士学位。同时获得该称号的还有发现了镭的居里夫人,以及爱因斯坦曾去信想获得其助教职位的威廉·奥斯特瓦尔德等科学家。

狭义相对论发表以后，爱因斯坦跟其他著名科学家的交往多了起来。其中，奥斯特瓦尔德教授对狭义相对论给予了高度评价，并推荐爱因斯坦作为1910年的诺贝尔奖候选人。虽然这一次爱因斯坦没有获奖，但作为一个年轻科学家，他已经切切实实迈上了一个新台阶。

当上苏黎世大学的副教授后，爱因斯坦还是跟在专利局工作时一样不修边幅，穿着随意，不愿穿袜子的特殊习惯也让周围的人感到惊讶。这种不刻意修饰的作风，还有跟助教和学生平等相待、不摆架子的态度，赢得了学生们的喜欢。

他唯一不满意的是年薪。这时，捷克（当时还属于奥匈帝国）的布拉格德意志大学（布拉格大学当时分裂成了以德语授课和以捷克语授课的两个学校）发来邀约，邀请他担任教授，爱因斯坦动了心。这件事被周围的人知道后，学生们请愿希望爱因斯坦留下来，学校也答应提高工资，所以爱因斯坦暂时留了下来。

但又过了差不多 2 年，爱因斯坦还是决定转到布拉格。不喜欢布拉格这座城市的米列瓦虽然有些不太情愿，但她也不愿耽误丈夫的前程。由于有学界权威马克斯·普朗克的推荐信，所以爱因斯坦很顺利就转到了新校。

在布拉格大学，图书馆等设施很完善，只是城市的生活条件较差，学生的水平也比瑞士那边低。布拉格社会分成了捷克人、德意志人和犹太人，就像不能啮合的齿轮，摩擦不断。人们的说话方式也不够温和，从中感受不到友善。

工人打扮的大学教授

学校图书馆馆长菲利克斯·贝尔奇博士刚

接触到爱因斯坦就觉得他眼神有些惊慌,头发乱蓬蓬得像是从没打理过,衣服也邋里邋遢。欢迎爱因斯坦的迎新会在一家历史悠久的贵族氛围浓厚的酒店举行。据说,爱因斯坦一身工人打扮让门卫错把他当成了来修电灯的修理工。

爱因斯坦以布拉格为据点积极参加周边各国举办的国际会议,与欧洲其他著名科学家进行了广泛而深入的交往。

1911年10月,在布鲁塞尔召开的第一届索尔维会议(与会者约20人,以后不定期举行)上,爱因斯坦作为最年轻的科学家(32岁)参会并发表演讲,标志着他已经跻身世界著名科学家之列并载入史册。当时他演讲的内容是量子理论。

爱因斯坦在布拉格的年薪提高了很多,已经请得起保姆了。他到处演讲,整天忙碌,没有多少时间在家,以至于米列瓦感叹:"都快忘记我的脸了吧。"

不过，布拉格的生活没过多久就要结束了。

已经担任母校苏黎世理工学校物理系主任的好友马塞尔·格罗斯曼向爱因斯坦发出了邀请，询问他能否回到瑞士。苏黎世市政府的官员还在质疑爱因斯坦当教授的能力，但居里夫人和亨利·庞加莱（法国数学家、物理学家）的推荐信起了重要作用。切身感受到布拉格生活不便的爱因斯坦愉快地接受了邀请。

1911年春天，爱因斯坦收到了正式的聘书。6月，他回到瑞士担任母校苏黎世理工学校（这时已更名为苏黎世联邦理工学院）的教授。

回到苏黎世后，爱因斯坦和米列瓦的夫妻关系慢慢出现了矛盾，因为她知道了爱因斯坦与身在柏林的青梅竹马的表姐埃尔莎的通信往来。米列瓦的精神状态开始变得不稳定，加之她患上了风湿病，体质也逐渐变差。

与不安定的个人生活不同的是，回到苏黎世的爱因斯坦有了数学家格罗斯曼的帮助，得以全身心投入到引力场方程的研究当中。在此之前，爱因斯坦是有些看不起数学的，但当相对论的研究接近完成时，他对数学充满了敬意。

将引力纳入狭义相对论

爱因斯坦决定在狭义相对论中纳入引力，由此得到的就是广义相对论。

牛顿认为引力是一个物体拉扯其他物体的力；而爱因斯坦认为，引力是物体导致时空弯曲而产生的。

对弯曲程度进行描述的量相当于牛顿的引力。在考虑引力效果时，爱因斯坦屡屡搬出电梯作例子。他在脑中想象，假设悬吊轿厢的缆绳断了，电梯就会自由落下，轿厢里面就会变成无重力状态，这时如果光线射进轿厢，它会是怎样的路径呢？

爱因斯坦指出："光在没有受到引力作用时是直线行进的，但在引力作用下会发生弯曲。"在以往的物理学中，人们并没有考虑光在引力作用下是否会发生弯曲。

在回到苏黎世近一年的时候，在索尔维会议上结识的马克斯·普朗克和化学家瓦尔特·能斯特前来拜访爱因斯坦。他们想邀请爱因斯坦去他们所在的柏林大学工作。

德国人普朗克是很早就认可相对论的物理学家，是爱因斯坦学术上的知音。他们劝爱因斯坦，去柏林工作的话工资会更高，也不用为上课烦恼，可以有充足的时间专心从事研究，同时还可以成为杰出科学家聚集的普鲁士科学院的院士。

对爱因斯坦来说，在自己祖国的大学做教授是一件非常荣耀的事情，并且年迈的母亲保利娜和表姐埃尔莎也住在柏林，如果到柏林工作就正好可以生活在母亲身边了。

1913年12月，爱因斯坦接受了柏林大学的邀请，第二年春天就要去德国柏林了。要跟结婚前就嫌弃自己的婆婆保利娜一起生活，米列瓦感到极度不安。果不其然，在搬到柏林仅仅3个月后，她就带着两个孩子回到了苏黎世，过起了分居的生活。

爱因斯坦在担任柏林大学教授后不久，以奥匈帝国皇位继承人遭暗杀事件（萨拉热窝事件）为导火索，欧洲、俄国和土耳其被卷入了战争。1914年8月，德国向俄国和法国宣战并入侵比利时，英国随即向德国宣战。从欧洲到北非、亚洲，战场迅速扩大，第一次世界大战爆发了。

面对世界各国对德国的谴责,德国为了让本国的军事行动正当化,强迫知识分子发表战争声明,而柏林大学的生理学家格奥尔格·弗里德里希·尼古拉则呼吁发出和平声明。结果在 100 位知识分子中,响应和平声明的仅有 4 人,而在将军事行动正当化的宣言中联合署名的有 93 人。反战派是极少数,而这 4 人当中就有爱因斯坦。

终于完成广义相对论

在战争的骚乱中始终没有动摇和平主义立场的爱因斯坦,一边往来于儿子所在的中立国瑞士,一边潜心研究工作。由于是一个人过日子,所以他尽量节省在家做饭的时间,常常是在汤锅中煮鸡蛋,有时甚至连蛋壳都没洗。虽然吃得不好，但他每天的生活都很充实。

1915年末，爱因斯坦终于完成了广义相对论。

"在研究即将完成时，我的心跳动得非常厉害，就好像体内有什么东西要绽开似的。"

在论文完成后，他有好几天处于精神恍惚的状态。

1916年3月，爱因斯坦在《物理年鉴》上发表题为《广义相对论的基础》的论文。不久，他又面向一般读者写了一本通俗介绍相对论的书——《狭义与广义相对论浅说》。这一年他37岁。

广义相对论发表后在学术界掀起了热烈的讨论和争论，有人认为这是伟大的发现，也有人认为这是一番谬论。

爱因斯坦没有顾得上外界的喧嚣。他多年来潜心研究，早已疲惫不堪，论文完成后就在

1917年年初病倒了。这不仅是因为研究工作的劳累，跟米列瓦的离婚问题也让他伤透了脑筋。爱因斯坦的体重骤减，他一度怀疑自己是不是患上了癌症。虽然医生的诊断是胃溃疡，但他瘦了许多。当时来照看爱因斯坦的是住在附近的表姐埃尔莎，她离婚之后跟两个女儿住在一起。

身体恢复后，爱因斯坦就离婚问题与分居的米列瓦商量了好几次。米列瓦一直没有同意，但在1919年春天，这件事终于有了结果。在此之前，家里的生活费一直都是爱因斯坦提供的，作为新的离婚条件，爱因斯坦提出可以提高以后的生活费，而且作为离婚的补偿，也可以把日后获得的诺贝尔奖奖金（大约3.2万美元）交给她和两个儿子。最初米列瓦拒绝了这些提议，但与律师商量后下了决心。

从1910年开始，爱因斯坦已经6次被提名诺贝尔奖,他相信哪怕是千年候选,自己总有一天可以获奖。之前爱因斯坦的论文都是由米列瓦校对的,不知为什么,她也坚信爱因斯坦能够获得诺贝尔奖。因此她最终同意了这些条件,与爱因斯坦正式离婚。

几个月后,爱因斯坦与带着两个女儿(伊尔莎和玛戈)的埃尔莎结婚。

通过日全食印证相对论

爱因斯坦完成的相对论引起了学界的震动,而它为世人所关注则是由于一次日全食。

爱因斯坦在《广义相对论的基础》中预测,从太阳旁边经过的其他恒星的光会朝着太阳的方向发生少许偏折。他的理由是,太阳的强大引力会让附近经过的星光发生弯曲。据他的计算，偏折的角度大约为 1.7 角秒。这里的角秒是一个角度单位，1 角秒为 1/3600 度。爱因斯坦不是天文学家，所以也有很多人对他的计算持怀疑态度。

太阳附近的星星平常是观测不到的，天文学家寄希望于在日全食时进行观测。由于战乱，科学家们没有对 1914 年的日全食进行观测；但到 1919 年日全食再次来临时，第一次世界大战已经结束。当年 5 月，英国组织了以天文学家亚瑟·爱丁顿为首的观测队前往非洲西海岸和南美洲的巴西，用天体照相仪拍照记录。

分析结果当年在伦敦发布，其中指出，"星光的偏折角度为 1.64 角秒，观测结果支持了爱因斯坦的预测"。这一结论颠覆了牛顿的理论，引起了极大轰动。

虽然爱因斯坦谦虚地表示，"这并不是要取代自己所推崇的牛顿理论，而是对它的拓展和发展"，但就连一些八卦的大众报刊都大肆报道，自然反响空前。

学界的争论另当别论，但爱因斯坦在世界各国顿时成了名人。有人将刚出生的孩子取名为爱因斯坦，有人则考虑用爱因斯坦的名字进行商业运作。当时是一个著作权、商标权等法律权利还不健全的年代，很多人便在卷烟等商品上使用了爱因斯坦的名字。

爱因斯坦甚至还接到了伦敦守护神剧院的邀请，希望他能跟喜剧演员、马戏演员、魔术师一起演出。在他们眼中，爱因斯坦仿佛也是一个魔术师。

各执一词的科学家们

英国皇家学会的约瑟夫·汤姆孙对爱因斯

坦的理论持怀疑态度，认为连物理学家都没法理解他的理论："爱因斯坦作出了人类思想史上最伟大的贡献，但还没有人能够用明白易懂的语言解释他的理论。"

哥伦比亚大学的天体物理学家查尔斯·普尔更是对爱因斯坦的理论明确表示否定。他跟爱丁顿相反，认为"没有证据表明爱因斯坦主张的宇宙学理论是正确的"。

物理学家奥利弗·洛奇认为，"相对论与科学常识相矛盾"，曾通过实验证明以太并不存在并于1907年获得诺贝尔奖的阿尔伯特·迈克尔逊也支持洛奇的观点。

一些露骨的批评也接踵而至。

"纯粹的捣乱分子。"

"一个精神病疯子的胡言乱语。"

"用不了多久，就会认定相对论只不过是一个笑话吧。"

此时，爱因斯坦已经 40 岁了。他不仅在科学界，在普罗大众中也已经成了一个世界知名的人物。

第五章

高举反战和平大旗的诺贝尔奖物理学家

与反犹主义作斗争并积极支持犹太同胞

战败后混乱的德国国内局势

第一次世界大战于1918年结束,战败国德国需要支付高额的国家赔偿,导致了严重的通货膨胀。此前,统治国家的政治家多为贵族阶级;而现在,社会主义、民主主义、民族主义等不同势力加剧了社会混乱。

掌握政权的社民党成立了魏玛共和国,他们高举民主主义旗帜,但未能阻止经济的恶化,宣扬反犹主义的民族主义势力乘势壮大。

在柏林,学生运动激化,左翼学生与军队在国会大厦发生冲突。作为教授的爱因斯坦和其他几位老师一起赶往现场。面对"只接受社会主义教授和学生"的激进学生，爱因斯坦希望他们"不要让需要学术自由的大学的大门变窄了"。爱因斯坦等人让共和国总统出面释放了被学生软禁的大学老师。

声势日盛的反犹势力开始攻击知名的犹太人士。种族歧视组织"德国科学家维护纯科学工作协会"也诞生了，以相对论是犹太人的曲解为由对爱因斯坦展开了攻击。柏林大学的爱因斯坦演讲会受到反犹学生的冲击，右派报刊刊登极端言论，甚至还充斥着"割下那个犹太人的头颅"之类的话语。

在这种混乱的形势下，爱因斯坦在柏林大学继续着他的研究。在研究之余，他还积极帮助那些在第一次世界大战后欲从东欧逃往德国的犹太人。为了救助这些犹太同胞，他向犹太实业家筹措他们所需的旅行费用等，并帮助优秀的犹太青年进入大学深造。

作为一名反对战争、期盼和平的和平主义者，他持续发声并呼吁调查在第一次世界大战中战败的德国的战争罪行。

爱因斯坦的这些积极活动引起了德国国内保守势力和右翼势力的极大不满。在当时的德国，期望在下一次战争中获得胜利的国民感情根深蒂固，很多人认为爱因斯坦的和平主义是反社会的观点。

德国物理学家菲利普·勒纳是1905年的诺贝尔奖获得者，他是反对爱因斯坦的人士之一。爱因斯坦被提名诺贝尔奖时，正是勒纳向评委会施加压力，认为相对论就是一个骗局。

将相对论视为犹太人的科学而断然加以排斥的勒纳是一名敌视犹太人的学者，是纳粹成立时就入党的最早一批纳粹党员。他甚至断言："犹太人没有对事实的判断能力，只有雅利安科学家才有敏锐而认真的思维。科学跟人类的产物一样,是带有人种特征的,是受血统影响的。"

一个持相同观点的教授将爱因斯坦称为"国外来的骗子",另一个教授则认为"相对论是犹太人企图称霸世界的图谋"。

面对这些极端的攻击,爱因斯坦没有忘记用幽默进行反击。在跟一个相识的学生同乘一辆电车时,他故意给这个学生看了一本批评爱因斯坦的书,并在一篇题为《完全不能理解爱因斯坦为什么这样说》的文章旁边,笑着写上批注:看我有多坦白呀!

犹太裔外交部部长遇刺身亡

恐怖事件终于发生了。1922年6月,德国魏玛共和国的外交部部长瓦尔特·拉特瑙倒在了法西斯的枪口下。拉特瑙是犹太人，也是爱因斯坦的朋友，他的遇刺给犹太人社会带来了极大的冲击。此后，爱因斯坦加强了防范。

由于此次事件，有传言称爱因斯坦准备逃亡国外，但政府顾虑驱逐世界知名的科学家会招致外界批评，所以对排犹活动进行了一定压制。

驻扎在杜塞尔多夫的法国军队（由于德国是战败国，所以战胜国法国的军队驻扎在此）逮捕由德军残部组成的反犹武装集团的30名成员也是在这个时候。这个反犹集团的成员总数据说达到了1.6万人，是一个势力非常强大的地下组织。

1922年岁末，诺贝尔奖评委会终于决定将物理学奖颁给爱因斯坦（授予的是1921年度的奖项）。爱因斯坦曾多次被提名为候选人，这一次获奖被称为迟到的获奖。

爱因斯坦第一次被提名是在 1910 年，到正式获奖已经过了十多年，并且他获奖的理由并不是因为他的相对论。

评委会的授奖理由是表彰"他对理论物理学的贡献，尤其是对光电效应定律的发现"。

获奖时爱因斯坦已经 40 多岁，也已经是世界顶尖的物理学家了。

爱因斯坦之所以迟迟未能获奖，与诺贝尔奖在事实上受到大国政治因素的左右不无相关。爱因斯坦虽然出生于德国，但他是一个属于少数派的犹太人。当时的犹太人还没有建立国家，他们散居在欧美各地。

犹太人信奉犹太教。犹太教与基督教和伊斯兰教的共同点是把耶路撒冷作为圣地，但由于教义不同又夹杂着人种问题，犹太人自古以来就受到歧视。

另一方面，犹太民族是特别重视教育的民

族，在商业、学术和艺术上人才辈出。在这样的民族历史背景下，一些人对相对论提出质疑，认为它是毫无根据的骗局，其实就包含了对犹太人的种族歧视。

诺贝尔奖评委会也承认，在爱因斯坦获奖这一年，反犹主义者菲利普·勒纳曾从中阻挠。

相对论长期未能获奖，也是出于几个评委的顾虑，他们认为"相对论太难懂、太超前，如果以后因找不到证据而遭到否定，会有损诺贝尔奖的权威"。因此，爱因斯坦的获奖理由是他对光电效应的理论解释。

在爱因斯坦过世后，日本第一个获得诺贝尔奖的学者汤川秀树博士曾就广义相对论发表过以下看法：

"广义相对论被大多数物理学家所疏远，是因为它看上去并不能解决现代物理学的核心问题，即解释基本粒子的世界。"

也就是说即便是科学家，一开始也未能很好地理解相对论。

并且 20 世纪的科学已经进入实践（实用化）比基础理论更受重视的时代。

"正因为爱因斯坦完成的物理学思想太过伟大，对在现实中被短平快的研究需求所左右的大多数物理学家而言，爱因斯坦简直就是麻烦制造者。"

因为爱因斯坦比大多数物理学家看得更高、更远。

在世界巡回访问的间隙访日演讲

爱因斯坦获颁诺贝尔奖的那一年，他正在世界各地巡回演讲。

1922 年 10 月 8 日，爱因斯坦从法国马赛港出发，乘坐日本"北野丸"邮轮前往日本。他的访日行程是由京都大学西田几多郎教授（哲学）、东北帝国大学石原纯教授（理论物理学）等人提议并在东京大学长冈半太郎教授（物理学）等人的协助下，由东京的出版社——改造社的社长山本实彦邀请的。

确定访日行程后，爱因斯坦夫妇便从柏林乘火车经瑞士前往马赛。

那时还没有进入航空时代，远距离旅行还只能依靠轮船。当时，日本邮轮在日本和欧洲之间每两周开行一个定期班次。从日本出发的邮轮会经过上海、新加坡、科伦坡和印度洋，穿越阿拉伯半岛的苏伊士运河进入地中海，再经过那不勒斯、马赛、直布罗陀、卡萨布兰卡到伦敦，然后穿越北海，经过鹿特丹等地到达汉堡，是一条漫长的国际海运航线。爱因斯坦乘坐的是它的回程。

大约一个月后，11月17日，爱因斯坦在神户港登陆。其间经过濑户内海时，他一直站在甲板上欣赏傍晚的景色，并说道：

"看上去是一个很有力量的国家啊。"

上岸后，爱因斯坦先在京都住了一晚，第二天便坐上了前往东京的火车。当时，京都到东京需要十多个小时，算是很长的距离。当从火车上看到富士山时，他说出了自己的印象：

"这是一座充满精神力量的山，比想象的更美。"

晚上7点过后，爱因斯坦抵达东京车站，住进了开业不久的帝国饭店。

说起当时爱因斯坦的人气，有这样一则逸事。夫妇两人住进帝国饭店的套房后，走到面向广场的阳台，虽然已是晚上，但没想到广场上聚集了想一睹爱因斯坦风采的数千名粉丝。

爱因斯坦夫妇向他们打招呼表达谢意，广

场上顿时传出了盛大的欢呼声。

"我们这么受欢迎吗？我们不是骗子吧？是不是要被关进监狱啊？"

爱因斯坦对身旁的妻子埃尔莎嘟囔道。

第二天，爱因斯坦便在庆应义塾大学作了关于广义相对论的演讲，完全不像是一个已经在船上旅行了一个多月的人，可见其精力多么旺盛。在庆应大学，听演讲的观众超过了2000人，演讲也足足讲行了5个小时。

在大约一个月的访问期间，爱因斯坦在日本总共作了8次演讲，每一次都极受欢迎。

在演讲的间歇，爱因斯坦还与日本学士院的院士们聚餐，在明治座剧场观看演出，到日光东照宫参观，参加皇室的欢迎宴会，访问宫岛的严岛神社，每天的行程都安排得满满当当，没有片刻的空闲。

当然，这不是爱因斯坦主动提出的要求，

而是邀请方出版社安排的满负荷行程，但爱因斯坦并没有表现出任何不悦，认认真真地完成了行程的安排。从这些过往中，可以感受到爱因斯坦的宽容大度之心。

来日访问时也带着小提琴

在繁忙的巡回演讲的空隙，爱因斯坦总是通过演奏自己心爱的小提琴来放松心情。不仅是这次日本行程，在世界其他地方巡回演讲时，他也总是带着小提琴，抽空拉上一阵。

在明治座观看完歌舞伎表演后，爱因斯坦表示：

"感觉日本的舞蹈是表达情感的，应该与西洋的意思不同吧。"

在最后的访问地宫岛，他在回答别人的提

问时严肃地说道：

"我在日本各地都访问了神社，而无论哪家神社都供奉有武器，这对我这样的和平主义者来说，实在是有些恐怖……"

在严岛神社拍摄纪念照时，爱因斯坦也说出了自己的看法：

"在风景好的地方是不应该照相的，因为秀丽的风光只有用眼睛去眺望才能感受到它的价值。"

在来日本之前，爱因斯坦已经通过作家小泉八云（原名帕特里克·拉夫卡迪奥·赫恩）的作品在心中描绘了自己的日本形象。爱因斯坦说他访问日本的目的"就是为了确认赫恩所描绘的日本的自然美，以及为了告诉大家相对论其实并不难"。

在爱因斯坦访问日本期间，德国国内的排犹活动也没有停止。在外交部部长拉特瑙被暗杀后，犹太人记者马克西米利安·哈登也被枪杀，知名犹太人士被害的消息不断传出。哈登生前说过，爱因斯坦访问日本的原因之一就是"因为感受到在德国国内有生命危险"。爱因斯坦自己似乎也作好了心理准备——"也许再也不能踏上祖国德国的土地"。

12月29日下午，爱因斯坦夫妇从门司港出发，乘坐"榛名丸"邮轮踏上了返回欧洲的行程。在登船后的送行会上，他这样回答日本记者的提问：

"日本的房屋与自然风景协调统一，有一种雕刻之美。我觉得个人主义在日本并不发达，人们重视谦逊的美德并且做任何事情都采取协调一致的行动。还有，我要感谢记者朋友们没有提出比较具有攻击性的问题。我不知道我会不会再来日本，也许这就是最后一次了。但如果会日语的话，我觉得这里是非常适合居住的。"

爱因斯坦的回答引起了记者们的笑声。

从日本出发的爱因斯坦在中东的巴勒斯坦（当时由英国托管）参观了犹太人迁居区并在刚创办不久的希伯来大学作了演讲。

"巴勒斯坦的犹太人分为城市工人和农村的搬迁村民。特别是工人们的劳动使得特拉维夫充满了生机和活力。"

爱因斯坦这样向当地报纸的记者说道。

在结束西班牙的演讲后，他换乘火车经苏黎世前往柏林，回到了离开有半年之久的家。原来担心再也回不了家的想法暂时算是杞人忧天了。

获得诺贝尔物理学奖

在这一次的世界巡回旅行中，爱因斯坦收

到了诺贝尔奖的获奖通知。由于还在旅行途中，所以他未能参加 12 月的颁奖仪式，而是由德国驻瑞典大使代为出席。回国后，爱因斯坦领取了奖牌和证书。后来，因参加科学家演讲会到访瑞典的爱因斯坦在会场发表了获奖演说，但他对光电效应只字不提，说的都是相对论的内容。他还补充道：

"我认为获奖者的遴选是公平公正的。"

按照原来的约定，爱因斯坦将奖金交给了住在苏黎世的前妻米列瓦，作为她和两个孩子的生活费。虽然是好几年前夫妻间的一个约定，但爱因斯坦还是实现了这个原本如梦一般的承诺。

德国国内的情势依然险恶，冲突不断爆发。特别是纳粹党的希特勒在慕尼黑的贝格勃劳凯勒啤酒馆发动政变试图掀起革命，但很快政变就失败了。

将爱因斯坦邀请回德国的普朗克教授觉得，诺贝尔奖获得者被迫逃亡国外对德国而言是很负面的，所以他提出了一个折中的办法，只要爱因斯坦每年在柏林演讲一次，其他时间他待在世界任何国家都可以。但爱因斯坦坚决不向纳粹党的胁迫妥协，一直留在柏林。

诺贝尔奖的效应是巨大的。来自世界各国的信件源源不断地飞向爱因斯坦在柏林的家，登门拜访者也络绎不绝。来访者不仅有准备撰写有关相对论新闻的媒体记者，还有慕名而来仅仅想一睹名人爱因斯坦真容的各类怪人。挖空心思想见名人的这份庸俗也好时髦也罢的行为尚能理解，但还有些人挥舞着刀具突然造访，给爱因斯坦带来了很大困扰。

有一天，爱因斯坦将一个带着刀具登门的情绪激动的俄罗斯妇女扭送到了警察局，但又因为同情她而撤回了案子。爱因斯坦还因此被警察怀疑他们有男女私情,妻子埃尔莎和女儿玛戈也害怕她再次来闹事。这些夸张又疯狂的人物的造访也再次印证了爱因斯坦多么受欢迎。

为了躲避国内恶劣的环境,爱因斯坦继续出国,到巴西、阿根廷等国演讲。

1928年春天,他因身体劳累过度引发心脏病,倒在了路边。他不得不在家疗养一段时间,过起了躲避尘嚣的生活。

1930年年末,爱因斯坦受邀担任美国加州理工学院的访问学者并前往美国。他从比利时的安特卫普港出发,乘坐"贝尔根兰德号"横跨大西洋,然后经巴拿马运河前往美国西海岸的加利福尼亚。在纽约停留期间,他受到了民众盛大的欢迎。

爱因斯坦在船上进行了演讲:

"如果被征召的人中有2%的人拒绝服役,政府就会无能为力,因为世界上还没有监狱可以收监这么多人。"

这是主张和平主义的爱因斯坦的发言,但这赤裸裸的拒绝兵役的反战宣言也让有些人觉得他是一个无政府主义者。尽管如此,爱因斯坦还是受到了民众的热烈欢迎。在纽约市中心的曼哈顿街,他不得不从成群的报道阵容和人山人海的民众中硬挤出一条路艰难前行。

受到好莱坞明星追捧

1931年年初,喜剧天王查理·卓别林的电影《城市之光》在洛杉矶首映。在首映仪式上,好莱坞电影界的导演、演员欢聚一堂,但这些大明星却在兴奋地欢迎着另外两个人,那就是爱因斯坦夫妇。爱因斯坦夫妇是作为特别嘉宾被卓别林邀请到会场的。

"第二天，我问卓别林为什么我这么受欢迎，他回答说：我的电影之所以受欢迎，是因为它们非常好懂；而你之所以受欢迎，是因为你的理论谁也不懂。"

卓别林这个机智的回答，其实一语中的。此外，普通民众之所以喜爱爱因斯坦，有的是因为被他的反战演说和期待世界和平的言论所吸引。爱因斯坦不仅是一个洞悉宇宙奥秘的物理学家，他的艺术家气质也是吸引人的原因之一。

回到德国后，他基本上都住在柏林西南的卡普特村的别墅里。社会上的排犹风潮丝毫未减，柏林的形势依然险恶，爱因斯坦觉得，比起市区的公寓，这里住起来要舒服一些。

德国的通货膨胀还在继续，失业者人数据说达到了 500 万，经济依然处在不景气的低谷，银行也由于资金流出处于濒死状态。

1931年12月，爱因斯坦第二次前往美国加利福尼亚。暴雨中登上邮轮的爱因斯坦在日记中写道：

"我决心放弃在柏林的地位。余生我要做一只候鸟。我现在在努力学习英语，但上了年纪的头脑就是不听使唤。"

这是爱因斯坦厌倦了德国国内混乱状况的真心话，也反映出他想在英国或美国等海外大学执教但又对英语没有自信的摇摆心态。

第二年春天，爱因斯坦完成了在加州理工学院的讲学计划以及在各地的纪念演讲，准备返回德国。这时有一个人前来拜访，他就是美国教育家亚伯拉罕·弗莱克斯纳。

弗莱克斯纳是来邀请爱因斯坦的，他准备在美国新建一所高等研究机构，希望爱因斯坦能成为创始成员。他想提高美国大学研究者的研究水平，通过向富豪们募集资金用于在世界各国网罗知名教授。虽然预想中的机构连名称和场地都还没有确定，但它还是引起了正在寻找出路的爱因斯坦的兴趣。

由于那年夏天爱因斯坦预定要在英国（剑桥大学和牛津大学等）讲学，所以他们就此别过，约定到时在英国再详谈。

爱因斯坦回到德国时，纳粹党在国会中的势力不断增强。而在街头，魏玛政权的支持者与纳粹党的支持者频繁发生纠纷和冲突。

爱因斯坦不顾这些嘈杂的喧嚣，按计划前往英国。跟在加利福尼亚一样，在英国他也是在热烈的欢迎中完成了在剑桥大学和牛津大学的讲学。弗莱克斯纳按照约定来到伦敦。这一次，他对这个高等研究院的具体情况作了简要说明，最后他还请爱因斯坦"提一下希望的条件"。

迟迟未能下决心离开德国

爱因斯坦回到德国后,正在德国国内招聘学者的弗莱克斯纳又来跟爱因斯坦面谈,请爱因斯坦提出对薪酬的要求。两人足足谈了8个小时。爱因斯坦对这份工作很感兴趣,答应弗莱克斯纳"很快会给一个结果",但实际上他还在犹豫。爱因斯坦纠结的不是报酬,而是担心放弃了在柏林的德语生活环境后能否适应移居美国后的生活。他还有一丝的不舍。

第二天,爱因斯坦打出了婉拒的电话。

之后,再来到卡普特别墅的是全家人的老朋友——记者安东尼娜·瓦伦丁。她神情严肃地对正好坐在旁边的埃尔莎大声说道:

"拜托你了,不要让他回绝那份工作。如果让他留在德国,你就变成杀人犯了。"

"这话怎么说?"

"来此之前，我见到了德军最高司令官。他要我警告我所有的犹太人朋友，也要我警告爱因斯坦，让他离开德国。如果留在德国，可能就性命难保。这是最后通牒啊。"

"……"

埃尔莎沉默无语。听到瓦伦丁激动的声音，爱因斯坦走了过来，让她平静下来。

"在美国也有名人的孩子被绑架的事情。阿方斯·卡彭的黑帮不是一样在横行霸道吗？"

名人孩子被绑架的事件，指的是因成功完成单人不着陆横跨大西洋飞行而闻名于世的查尔斯·林德伯格，他的孩子被绑架并被撕票。

瓦伦丁在返回柏林市区的途中，在电车里亲耳听到有人说纳粹党党员要杀害柏林警察局的长官，所以她给爱因斯坦写信，再次发出警告，劝他逃到美国去。

爱因斯坦感到迷茫。埃尔莎求他说，如果

要留下来,就千万不要再高调地批判纳粹党,也尽量不要发表和平主义的言论了。

但爱因斯坦还是听不进妻子的劝说:

"如果要停止这些活动,那我就不是我了。"

为了家庭的安全选择美国

夫妻两人经过多次商量,开始倾向于接受弗莱克斯纳的邀请。看看柏林街上的气氛就知道了,犹太人明显是被攻击的目标。作为名人,爱因斯坦的处境就更加危险。不只是为了埃尔莎,再考虑到两个女儿,还是到美国生活更安全。

为了让自己能够接受,他说服自己这不是移居,只不过是暂时以美国为研究工作的据点。他还向弗莱克斯纳提出了一个条件,要在研究院里给自己的助教瓦尔特·迈尔也安排一个职位。

在柏林，纳粹党的冲锋队在街上旁若无人地走来走去，可能出于一些很小的理由，比如谁打招呼晚了，就给他一顿拳打脚踢。在国会里，议员们也常常拳脚相向，而主角往往就是纳粹党的议员。不只是犹太人和左翼人士，连进步的知识分子这时也都开始遭受攻击。

1932年冬天，爱因斯坦决定和妻子埃尔莎一起前往美国，这将是他们第三次前往加州理工学院的旅程。

然而这一次，美国驻柏林大使馆要求爱因斯坦来馆问询。爱因斯坦到来后，副大使跟他见了面，一开始只是问了一些无关痛痒的问题，但渐渐地，问题尖锐起来。

"你的政治信条是什么？"

对问题感到愕然的爱因斯坦假装糊涂。

"这个问题我没法回答。"

"你加入了什么组织吗？"

爱因斯坦把手插进乱蓬蓬的头发里。

"对了，我加入了反战联盟。"

"你是共产主义或社会主义政党的支持者吗？"

这时，爱因斯坦再也忍无可忍。

"是你们国家邀请我去的，如果不想给签证，直接说好了！"

他拿上大衣和帽子走出了大使馆。

大使馆这样做，是因为美国保守派给国务院施加了压力，他们认为应该拒绝无政府主义者入境。

签证最终还是批下来了。当爱因斯坦提着大皮箱准备离开别墅时，嘴里嘟囔出了一句话：

"再最后一次看看这里，把它留在记忆里吧。"

"为什么?"

"我们也许再也回不来了。"

埃尔莎听到爱因斯坦的话后有些不知所措,但后来他们真的再也没有回到过德国。

第六章

跟希特勒斗争的世界上最有名的科学家

—

写给罗斯福总统的推进原子弹开发的信

希特勒成为德国总理

在爱因斯坦抵达加州理工学院一个月后,德国魏玛共和国已经被逼入濒死境地。原因是1933年1月30日,保罗·冯·兴登堡总统任命纳粹党(国家社会主义德国工人党)党魁阿道夫·希特勒为总理。希特勒镇压共产党,拉拢保守派和右翼势力,控制政权。他当上总理后,对作为犹太人代表的爱因斯坦进行抨击,认为他"在文化上偏重理智主义,是智慧的叛逆者,是激进的和平主义者"。

爱因斯坦来到美国,面对的并不都是欢迎他的人,保守派女性爱国团体就举行了声势浩大的抗议集会，将其视为危险人物，试图阻止其入境。保守派团体抨击爱因斯坦是因为他的和平主义言论。和欧洲不同，在美国有一种不喜欢共产主义和社会主义的浓郁氛围。他们认为像左翼或无政府主义（和平主义就被曲解成如此）那样的言行并不是爱国者，也有人称爱因斯坦为共产主义者。

在第一次世界大战中免遭战火的美国，工业得到长足发展，一跃成为经济大国。但国内劳工争端频发，司法当局对激进的活动家以及工人运动家拼命进行打压。这时出现了一位名叫亚历山大·米切尔·帕尔默的司法部部长，指示下属约翰·埃德加·胡佛（后来的联邦调查局局长）采取强硬行动。

1920年在帕尔默的指挥下，全美23个州同时进行抓捕，共逮捕了1万人（又称"帕尔默大搜捕"）。

帕尔默的大搜捕招致了国会的反弹,发展成为人权问题。但暗地里,帕尔默竭力制造黑名单,欲将共产主义者和社会主义者逐出国门。名单中有一位著名人士,那就是爱因斯坦。他在获得诺贝尔奖之后经常前往世界各国进行演讲,积极发表一些有关国际政治和世界和平的言论,有时与支持苏联的社会主义者步调一致,让美国的保守主义者感到不满。

当被问及主张反战的理由时,他总是这样回答:

"前来听我演讲的年轻人都是关心和平的人。是战争就要征兵,而要消灭敌国军队其实就是要杀死被征兵入伍的这些年轻人。"

在美国的大学讲学时,除了物理学的内容外,他还抗议日本侵占中国东北并提议从根本上建构新的经济体系以重建世界经济。

"如今我们的生活资料和生产方式都极其丰

富，人类中的大多数却苦于资源匮乏。这难道不是因为生产和消费失衡、公共制度的公信力在下降吗？比起聪明才智，社会更需要那种舍弃一己私利而谋求共同福祉的热情。"

他的这种言论让他被误解为共产主义者。

号召群众拒服兵役

这里有一段很有名的故事。一辆横贯美国大陆的列车到达了伊利诺伊州的大都市芝加哥，一大批人挤在站台上，为了看一眼车上的爱因斯坦。在这里，他依然没有忘记号召群众拒服兵役。

作为移民群体构成的美国，即便在许多事情上是自由的，但拒服兵役就等于拒绝对国家效忠，因而对于保守主义者来说，爱因斯坦是一个眼中钉。

希特勒上台后，得势的纳粹党及其追随者在德国国内大肆进行恐吓，实施暴力，杀人放火。在1933年3月的选举中，纳粹党获得了44%的国会议席，成功击败了共产党和社民党的候选人，成为独裁政党。

纳粹党的独裁统治被视为德意志第三帝国的开端，他们废除敌对政党，设立拘留反对者的强制收容所，在全国布设盖世太保（国家秘密警察），建立监视民众的极权主义社会。目标不仅指向对国家和纳粹党持批判态度的人士和犹太人，同时也指向主张和平的知识分子。

1932年冬天，在爱因斯坦夫妇来到美国后，纳粹党的冲锋队擅自闯进他们在柏林的公寓进行搜查，吓坏了他的女儿伊尔莎。

驻纽约的德国领事保罗·施瓦茨警告逗留

在美国的爱因斯坦说：

"你现在若是回到德国，纳粹党的冲锋队就会揪着你的头发游街示众。"

爱因斯坦毫不畏惧，他应邀参加了纽约的和平主义者集会，抗议希特勒政权，呼吁世界各国进行道义上的干预。

不久，在德国，爱因斯坦被宣布剥夺参与公务的资格，还有人强烈要求他辞去普鲁士科学院院士的荣誉。科学院秘书处的负责人海因里希给他写信，向他传达了目前的紧迫形势，同时对他表示了拥护：

"我相信未来经过若干世纪后，您的姓名将成为科学院最闪亮的一颗明星。"

收到这封信后，他了解了自己在德国的处境，便给普鲁士科学院寄去了辞呈。

结果，爱因斯坦在德国国内的资产全部被没收，他成了通缉犯，甚至进一步升级为卖国贼，到了重金悬赏他人头的程度。他的家人也感受到了危险，只能纷纷逃往国外避难。

5000 美金悬赏爱因斯坦的性命

尽管如此，爱因斯坦丝毫没有停止对纳粹党的批判。他发表言论继续战斗：

"面对一场要铲除那些无法保护自身的犹太人同胞的战斗，我只能尽我微薄的力量对他们进行声援。"

坊间甚至传闻有人要拿 5000 美金悬赏爱因斯坦的性命。

1933 年 3 月，本应在此时回到德国的爱因斯坦，在加州理工学院召开了记者会。

"我只能居住在法律面前人人平等的国度，而德国没有这种环境。"

这事实上是他与祖国德国的诀别宣言。

5月,德国首都柏林的弗朗茨·约瑟夫皇帝广场呈现出异样的光景。犹太人的和反法西斯的书籍被汇集到广场点火焚烧,以此来激起群众兴奋的神经。

爱因斯坦!弗洛伊德!——人们喊着这些犹太知识分子的名字,将他们的图书投入火中焚毁。不光是犹太人的,反法西斯知识分子的书籍也被投进了火海。

宣传部部长约瑟夫·戈培尔一边叫嚣着"德国魂能够重新发扬自我",一边煽动聚集在广场上的群众。这是纳粹党加强反犹主义宣传活动的一部分,同样的焚书集会在60多个地方展开。在德国糟糕的局势下,爱因斯坦依然前往英国等国进行演讲。考虑到爱因斯坦的个人安全,比利时国王夫妇曾劝说他在比利时居住比在美国安全,并为他配上了护卫进行保护。

埃尔莎反复告诫丈夫,拉特瑙被暗杀就是因为他太过大意,直到最后都对自己的人身安全毫不在意,还在到处自由发声。爱因斯坦面对5000美金的悬赏却意外地笑了出来:

"我根本不知道我还这么值钱。"

埃尔莎实在是做不到丈夫的这种豁达。

从英国归来后,等待爱因斯坦的是力邀他去美国的弗莱克斯纳。他带着爱因斯坦来到距离纽约不远的普林斯顿,又带他来到高等研究院。普林斯顿大学便坐落在这座小镇里,而高等研究院就建在校内。在普林斯顿站稳脚后,爱因斯坦不仅要和希特勒战斗,还要推进统一场论研究,努力将引力理论和电磁理论统一起来。但看到德国告急的状态以及与之对抗的法国和英国的动向,他很难专心开展研究。慕名寄到家中和研究院的信件源源不断，来访者也络绎不绝，爱因斯坦的名气和人气让秘书海伦·杜卡斯和女儿玛戈根本应付不过来。

有一天，邻居一个小女孩前来请教算术。即便是投错了门的来访者，爱因斯坦也愉快地让她进了二楼的书房。和一楼整齐的房间相比，书房杂乱无章，书和纸张到处散乱在地板和桌子上。

让前来接小女孩的姐姐印象最深刻的不仅是十分杂乱的房间，还有主人邋遢的服装和领带以及挡住面颊的灰色长发。

他爱穿凉鞋或拖鞋，而且总是光着脚（年轻的时候就不习惯穿袜子）。他让女孩们取出一罐豆子，用固体燃料进行加热，然后专心地跟她们讲起了算术的问题。

怪客不断的著名科学家

来访者未必都是能够让人放松的人物。有些人带着稀奇古怪的发明，让爱因斯坦署名或让他写推荐信，他们想要的就是一举成名。弗洛伊德的门生——精神科医生威廉·赖希也为了发明一个神秘的器具前来拜访。爱因斯坦愉快地接待了这个以"怪"著称的赖希。

有一天，爱因斯坦收到一位母亲的求助信，说她年轻的儿子患有精神疾病，总认为自己就是耶稣基督。爱因斯坦回信说对此很感兴趣，可以见一见。几天后，年轻人突然来访。爱因斯坦带他一起到周边的森林中散步。"他反倒像个正常人，而我们更像疯子"，最后爱因斯坦带着一副茅塞顿开的神情返回家里。

一个被判无期徒刑的服役囚犯写来一封信，信中写满了问题和疑问，说想进一步了解自己一知半解的相对论。爱因斯坦接到这封信后，给他写了一封回信，介绍了一些论文和入门的专业书籍。据说这位服刑犯人非常感谢爱因斯坦的回信，于是做了一个画框，将这封信嵌在里面，带在自己身边。

在研究和演讲之余，爱因斯坦最喜欢演奏自己心爱的小提琴。如果有可以合奏的朋友来访，他便把研究丢在一旁，邀人合奏一曲；如果有人邀请他去听古典音乐演奏会，他也会欣然前往。休假时，他喜欢在纽约郊外的别墅中度过，乘着自己喜欢的游艇畅游。在普林斯顿安顿下来不久，爱因斯坦便对刚上任的美国总统富兰克林·罗斯福的执政方式产生了不满。

在欧洲，掌握政权的纳粹党对周边国家开始展开侵略，扩大自己的领土，同时开始大举迫害犹太人，对他们实施不当的逮捕和监禁；美国反倒与反纳粹的英法各国保持距离。事实上，美国最优先考虑的是如何摆脱大萧条，重振和稳定国内的经济（罗斯福新政）。

美国国务院并不积极接纳从德国逃出来的犹太人，这与俄国发生革命并建立苏联政权密切相关。因为美国害怕社会主义在整个欧洲扩散，他们认为不欢迎社会主义的德国是一个防波堤，可以防止社会主义进一步扩散。

同时，美国也担心犹太人中的社会主义者和共产主义者乘机进入美国。当美国国内的犹太人团体要求国务院给出解释时，国务院反复地答复："指控德国虐待犹太人的事情有些夸张。"

除了德国，欧洲各国的犹太人也纷纷向爱因斯坦发出求救信。他于是向一些财力雄厚的犹太友人请求经济上的支援并积极参与救助犹太人的活动。

美国著名摄影家菲利普·哈尔斯曼拍摄过

爱因斯坦晚年的肖像，向世人讲述了爱因斯坦常年不穿袜子的逸事，他正是得到爱因斯坦救助的欧洲犹太人之一。

美国不对希特勒采取措施，爱因斯坦十分生气，便联名写信给总统夫人埃莉诺·罗斯福：

"在欧洲，众多的犹太人正在遭受残酷的法西斯分子的迫害，那些人苦于无法逃往美国，恳请总统能够妥善处理。"

总统夫人答应将这封信转交给总统，但政策并没有马上发生改观。

三人会晤缘起原子弹开发

法西斯的波澜扩大到了德国的周边国家。在意大利，墨索里尼政权开始与希特勒接触结盟；在西班牙，佛朗哥的国民军得到德国和意大利的支持而占据上风，政府的共和军陷入苦战。爱因斯坦得知这一消息后，对共和国方面表达了支持，呼吁对其进行支援。但由于他抨击美国政府的政策，被作为需要高度警惕的人物拉进了FBI（美国联邦调查局）的黑名单。

1939年7月，物理学家利奥·西拉德和尤金·维格纳驱车前往纽约郊区，去找休假中的爱因斯坦。

爱因斯坦穿着T恤，皱巴巴的裤子卷着裤脚，一副往常的打扮迎接二人。

"我们有重要的事情前来拜访，爱因斯坦先生。"

还没有一句正式的问候，西拉德便表情沉重地开始谈起德国可能已经在着手开发核武器。爱因斯坦立刻意识到了事情的严重性：

"一旦原子弹落入希特勒之手……"

不仅是犹太人,世界上的有色人种都将成为德国原子弹的受害者。他沉默了。

西拉德就是美国即将开始原子弹开发的核心人物。在三人会晤的 5 年前,爱因斯坦在匹兹堡的一次演讲前曾被记者问及:

"是否有可能开发出原子弹,像您的方程式 $E=mc^2$ 所描述的那样释放出巨大的能量?"

"通过轰击使原子分裂,就如同黑夜里在一个鸟类稀少的地方开枪打鸟一般,白费功夫。"

但理论物理学家爱因斯坦的预测后来被证明是错误的。几年后,德国化学家奥特·哈恩和弗里茨·斯特拉斯曼利用中子轰击铀,使其裂变为钡。核裂变的发现被报告给军部和希特勒:"有可能制造出威力更大的炸药,而一旦投入使用,我们将比其他国家占据更大的优势。"

1938年11月9日晚上到10日的黎明，一群身着便衣的纳粹党党卫队煽动的暴徒袭击了德国境内犹太人的住宅、商店以及犹太教堂，烧杀掠抢、奸淫放火，无所不为。据称有100人遭到杀害，而众多犹太人的商店受到打砸，破碎满地的玻璃映照着冷冷的月光，所以这起迫害犹太人的事件被称为"水晶之夜"。

事件发生的第二天，警察以保护犹太人为名拘留了3万犹太人。共产主义者、社会主义者以及工人运动家被收容并被送进强制收容所，事态极其紧张。

前来找爱因斯坦的两位物理学家为了阻止原子弹落入希特勒之手，计划给罗斯福总统写一封信。

"德国的奥特·哈恩研究的核连锁反应获得成功，而且德国禁止其占领国捷克出口铀。如果不阻止比属刚果所产的铀交到德国的话,德国生产原子弹的可能性非常大。如果是诺贝尔奖获得者提出建议,罗斯福总统就不会漠视不理。"

爱因斯坦经过认真考虑,答应写信。

原子弹开发始于写给总统的一封信

信件的内容由西拉德和爱因斯坦起草,打印后由爱因斯坦签名,然后交给一个中间人,但直到1939年10月才送抵日理万机的总统那里,而召集科学家启动项目则又在第二年夏季过后了。

在政府的支持下,西拉德开始在哥伦比亚大学进行核连锁反应实验,被称为"曼哈顿计划"的原子弹开发由此拉开帷幕。

寄给总统的信件中并没有直接建议说应该进行原子弹开发。

"根据物理学家西拉德等人的研究，在不远的将来有望将铀元素转变为全新且重要的能源。如果能获得大量的铀，就可以制造原子核连锁反应，产生大量类似镭的新元素，这几乎是一个事实。这当然与制造威力强大的炸弹密切相关。如果让这样一个炸弹在港口爆炸，按它的威力，不仅是船只，就连周边区域都会被炸飞。美国政府恐怕也希望科学家和政府携起手来共同研究吧。"

在写这封信的6年前，爱因斯坦收到一封来自比利时的和平活动家的信件，信中希望他营救那些因出于良心拒服兵役而被关入监狱的人。

在回信中，他这样写道：

"纳粹德国想运用一切可能的手段扩大战

争,如果比利时被德国占领,后果会怎样?各国为了防御应该拿起武器。"

从这个时候开始,爱因斯坦开始憎恨迫害犹太人的希特勒,所以在发言中允许使用武器。虽然和平主义者会对此表示反对,但为了保护受希特勒迫害的犹太人同胞,大家的态度开始发生转变,逐步认可了使用武器进行自卫。

给总统寄去建议推进原子弹开发的信件,实际上就是建议武器的开发。这也表明了爱因斯坦为了对抗反犹势力,不惜改变自己长期信守和平主义的决心。

1939年9月,德国大举入侵波兰,波兰盟友英法两国向德国宣战,对纳粹态度举棋不定的美国终于下定了决心。爱因斯坦对美国开始明确反纳粹的态度给予了很高评价。1940年,爱因斯坦和女儿玛戈、秘书海伦·杜卡斯一起申请入籍美国;妻子埃尔莎和女儿伊尔莎几年前已经病故。

有一次，爱因斯坦作为广播节目的嘉宾对美国的态度进行了评价，并向国民释放出信息：

"现在人类面临的问题是无法仅通过对话来解决的，因为炸弹的爆炸声会完全掩盖掉我们的声音。当野蛮的势力威胁到数百万人生命的时候，诉诸人类才智的努力将毫无意义。世界上有的国家既没有政治权利，也没有给予自由发挥才智的机会。面对这些现实，美国人会答应吗？对自由的珍惜和保护难道不是至高无上的吗？"

1941年，以日本偷袭珍珠港为由，美国参战，第二次世界大战战场迅速扩大。德国占领了法国和比利时并准备进攻苏联，但惨遭失败，北非战场也开始告急。在东南亚，赶走了英国、法国和荷兰势力的日本，在美国的军事进攻下节节败退。

原子弹的投掷与冷战的到来

1945年，日本本土城市上空的空袭愈演愈烈，在东南亚战场与美军的交战全线溃败，在中国战场也濒临全线撤退。与此同时，美国新研制完成的两枚新型炸弹投落在了日本。

秘书杜卡斯从广播中得知了新型炸弹投掷的消息。

"西拉德造的就是这个炸弹吧。"

想到核武器就是身边的人开发的，她诅咒着，就像原子弹投到了自己身上那样恐惧。

杜卡斯把收音机里的消息告诉了下楼喝茶的爱因斯坦，但他只是"哦，啊！"地敷衍了一下。

实际上，德国并不具备开发原子弹的能力。后来得知此事后，爱因斯坦很是懊悔："如果是这样，不给总统写信就好了。"在参与开发的科学家中也有人因为罪恶感而感到苦恼。

原子弹投下后，爱因斯坦接受了报社的采访。他说："关于原子弹的机密事项，美国、英国和苏联三个军事大国应该信息共享。"

在最后，他还对未来作了预测：

"人类在受到原子能的威胁后，或许会产生一种国际秩序。如果没有这种威胁，这样的秩序就不会产生。"

他的发言流露出了对大国在战后大搞核武器竞争的担忧，同时也预言了平衡核武器保有量的东西方冷战的到来。

爱因斯坦将近70岁了，但他在普林斯顿高等研究院延长了退休年龄，继续从事着研究工作。

他的家人也随着年龄的增长，身体越来越差。逃亡到美国的妹妹马娅的身体每况愈下，需要玛戈贴身照看；在苏黎世，年迈的米列瓦摔倒骨折，在为如何照顾患有精神疾病的儿子爱德华而犯愁；爱因斯坦本身也患有肝病，身体状况已大不如前。

1954年3月14日，爱因斯坦迎来了75岁的生日。也许是上了年纪，长年患有胃炎和贫血病的他，身体状况每况愈下。他在给原"奥林匹亚学园"的成员莫里斯·索洛维内的信中自嘲地表示，自己的死期将近："恶魔在尽职地数着剩下的年月。"

尽管如此，他依然坚持来研究院上班，和助手们并肩作战，试图完成统一场论。有来访者能见则见，需要回信的时候都由自己来写。

76岁的生日时他的身体状况依然没有好转。

几天前，曾一起讨论相对论的朋友米凯莱·贝索以 82 岁高龄离开了人世。爱因斯坦在给他的遗孀寄去的慰问信中写道：

"我最尊敬他的地方就是，贝索终生只和一个女人相濡以沫地生活。我感到惭愧的是，我的两次婚姻都失败了，他却始终如一。"

贝索是回到苏黎世的米列瓦和孩子们遇事商量的对象，并一直照顾着他们。所以不只是对创立相对论的贡献，一直以来，贝索于公于私都对爱因斯坦一家支持有加。

1955 年 4 月的一天，爱因斯坦倒在了自家浴室，虽然主治医生赶来了，但他坚决拒绝离开家。秘书杜卡斯很担心他的病情，遂在卧室彻夜陪床，以避免他出现脱水症状。

过了几天，经过医生的劝说，爱因斯坦住进了普林斯顿医院。他注射了止疼药后躺在床上静养，但还挣扎着要看演讲稿和统一场论的资料。玛戈患上坐骨神经痛也住进了医院，当她坐着轮椅来到爱因斯坦的病房时，他很佩服自己操作轮椅的女儿，还和她开着玩笑。

当主治医生和普林斯顿的医生在商讨病情时，赶来看望他的朋友托马斯·布基希望找纽约最权威的外科主任前来会诊。次日早晨，外科主任会诊后，建议将他转到纽约的医院，但爱因斯坦断然拒绝：

"人工延长生命是很难看的。我这辈子已经够了，是时候该走了。我想走得优雅一些。"

他甚至表示没有必要进行手术。

他的儿子汉斯·阿尔伯特从加利福尼亚赶来劝说父亲，但此时病情已经恶化。夜班护士在巡房时发现爱因斯坦陷入呼吸困难，于是将他的头向上抬一抬，让他呼吸顺畅了一些。爱因斯坦服药后睡着了，似乎用德语在嘟囔着什么，进行两次深呼吸后便停止了呼吸。

1955年4月18日,创立了相对论的20世纪最伟大的科学家阿尔伯特·爱因斯坦走完了他76年的人生。

根据司法解剖,死因为腹主动脉瘤破裂,由于患部距离肝脏过近,无法进行血管接合手术。

玛戈在日记中写道:"他非常谦虚、安详地面对死亡,在离开这个世界时,没有留下任何伤感,也没有留下任何悔恨。"

负责解剖的医生对爱因斯坦的大脑非常感兴趣,在征得爱因斯坦儿子汉斯的同意后,把它放在甲醛溶液中保存了起来;眼球则被其他医生擅自取出并得到了长期保存。

美国《时代》周刊将爱因斯坦誉为代表了20世纪的伟人并给予了极高赞誉:

"他具有最高的智慧,是无与伦比的象征,是光辉照耀现代的巨人;他是一位安详、稳健、超凡脱俗的学者,他散乱的头发、锐利的目光贯穿了整个人道主义。他的容颜已经成为一种象征,他的名字就是天才的代名词。"

年　表

年份	年龄	大事记
1879 年	0 岁	3 月 14 日，出生于德国南部小城乌尔姆的犹太人家族，父亲赫尔曼，母亲保利娜 （詹姆斯·克拉克·麦克斯韦逝世；爱迪生发明电灯）
1880 年	1 岁	父亲的生意无法继续，举家搬到慕尼黑，开始经营电气公司
1881 年	2 岁	妹妹马娅出生；爱因斯坦语言发育迟缓，让父母担心 （柏林开通电车）
1882 年	3 岁	终于开口讲话；从此开始变得爱问问题，总是问为什么、怎么做
1884 年	5 岁	父亲送给他一个指南针，对宇宙的形成开始感兴趣；不喜欢在外面玩，喜欢一个人在家中静静地思考问题，性格内向

续表

年份	年龄	大事记
1885年	6岁	开始学习小提琴；进入慕尼黑的一所天主教小学学习，是班级中唯一的犹太人，体育很差
1887年	8岁	（赫兹通过实验证明电磁波的存在）
1888年	9岁	进入卢伊特波尔德文理中学学习；除数学成绩外，其他成绩都很差，对不感兴趣的课从不关心，老师都不喜欢他
1889年	10岁	给出了勾股定理的一个证明；马克思·塔尔迈成为家里的常客，为他带来各种书籍
1894年	15岁	父亲经营的电气公司破产，一家人从慕尼黑搬到米兰，爱因斯坦为继续上学而留在慕尼黑；半年后提出休学申请，前往意大利
1895年	16岁	在瑞士苏黎世理工学校的入学考试中落榜；进入阿劳的一所高中学习，借住在温特勒家（伦琴发现X射线）
1896年	17岁	放弃德国国籍；考进苏黎世理工学校；结识好友贝索、阿德勒和格罗斯曼等

续表

年份	年龄	大事记
1898 年	19 岁	父亲的公司再次破产；以优异成绩通过大学中期考试 （居里夫妇发现镭）
1900 年	21 岁	从苏黎世理工学校毕业，想找一份大学助教工作而不得，无奈过着流浪生活
1901 年	22 岁	取得瑞士国籍；做临时教员，生活窘困；发表第一篇论文，提交博士论文；父亲的公司第三次破产
1902 年	23 岁	和第一任妻子米列瓦生下女儿莉泽尔；撤回博士论文，搬往伯尔尼；成立"奥林匹亚学园"沙龙；在伯尔尼的专利局担任临时工（三级专利审查员）；父亲赫尔曼在米兰去世
1903 年	24 岁	和米列瓦结婚
1904 年	25 岁	长子汉斯·阿尔伯特出生；在专利局转正，仍然为三级专利审查员
1905 年	26 岁	"奇迹之年"，完成光量子理论和狭义相对论研究；提交博士论文
1906 年	27 岁	在苏黎世大学取得博士学位
1908 年	29 岁	出任伯尔尼大学讲师

续表

年份	年龄	大事记
1909年	30岁	获得日内瓦大学荣誉博士学位；辞去专利局的职位，成为苏黎世大学副教授
1910年	31岁	次子爱德华出生
1911年	32岁	成为布拉格德意志大学教授；参加第一届索尔维会议，是最年轻的与会者
1912年	33岁	担任母校苏黎世工学院教授
1913年	34岁	当选德国普鲁士科学院的院士，出任柏林大学教授；和妻子米列瓦分居
1914年	35岁	（第一次世界大战爆发）
1916年	37岁	发表广义相对论
1918年	39岁	（德国投降，第一次世界大战结束）
1919年	40岁	与米列瓦离婚，和埃尔莎结婚；爱丁顿的日全食观测让实光线在经过太阳附近时会像广义相对论所预言的那样发生偏折 （《凡尔赛条约》签署）
1921年	42岁	为筹建希伯来大学募款而第一次访问美国，在美国各地举行演讲
1922年	43岁	举行世界巡回演讲，前往中国、日本、巴勒斯坦等地，途中得知自己获得1921年的诺贝尔物理学奖

续表

年份	年龄	大事记
1923 年	44 岁	结束世界巡回演讲回到德国,世界各地的信件不断飞入家中,突然造访者也越来越多;发表诺贝尔奖获奖演说
1925 年	46 岁	和弗洛伊德在柏林会面
1926 年	47 岁	对新出现的量子力学持保留态度（德国加入国际联盟）
1928 年	49 岁	在瑞士朋友家中由于过度疲劳而病倒;海伦·杜卡斯成为他的秘书
1929 年	50 岁	推进统一场论研究,积极接受杂志和报社的采访
1930 年	51 岁	第一个孙子出生;在纽约举办相对论影片放映,有 4000 多人观看;应加州理工学院的邀请,前往美国（纳粹党在选举中大获全胜,一跃成为国会第二大党）
1931 年	52 岁	在美国非常受电影明星的欢迎,第二次应加州理工学院之邀前往美国
1932 年	53 岁	前往加州理工学院,进行第三次讲学;到达美国后,纳粹党的冲锋队擅自搜查他在柏林的公寓

续表

年份	年龄	大事记
1933 年	54 岁	在加州理工学院召开记者会表明自己不会回到德国；被剥夺德国国籍；退出普鲁士科学院；移民美国，开始在普林斯顿高等研究院工作 （希特勒成为德国总理）
1934 年	55 岁	在美国匹兹堡，当被问及通过核连锁反应释放巨大能量的可能性时，他表示否定；女儿伊尔莎在巴黎去世；女儿玛戈搬到普林斯顿
1936 年	57 岁	挚友格罗斯曼去世；妻子埃尔莎去世
1938 年	59 岁	（德国发生迫害犹太人的"水晶之夜"事件）
1939 年	60 岁	三位物理学家会晤，担心德国开发核武器，决定给美国总统罗斯福去信；妹妹马娅到美国避难 （德国入侵波兰，第二次世界大战爆发）
1940 年	61 岁	取得美国国籍，同时保留瑞士国籍
1941 年	62 岁	（日本偷袭珍珠港，太平洋战争爆发，美国参战）
1942 年	63 年	出手为朋友马克思·冯·劳厄的儿子洗脱特务嫌疑 （美国开始执行"曼哈顿计划"）

续表

年份	年龄	大事记
1944 年	65 岁	秘密获悉原子弹即将完成
1945 年	66 岁	（原子弹被投放到广岛、长崎，第二次世界大战结束）
1946 年	67 岁	拒绝再次加入普鲁士科学院
1948 年	69 岁	前妻米列瓦去世；腹痛卧病，被诊断为腹主动脉瘤
1950 年	71 岁	（朝鲜战争爆发；麦卡锡主义在美国兴起）
1951 年	72 岁	妹妹玛娅去世
1954 年	75 岁	挚友贝索去世
1955 年	76 岁	于 4 月 18 日凌晨去世

参考文献

本书在写作时参考了以下书籍和资料,感兴趣的读者可进一步了解阅读,相信一定会有新的收获。另外,部分书籍可前往图书馆等处查阅。

《爱因斯坦——其生涯和宇宙》(上、下),沃尔特·艾萨克森著,二间濑敏史监译,日本武田兰登书屋,2011年

原著2008年在美国出版,是以丰富的资料和书信为基础打造的精心之作。该书描述客观且贴近原始资料,总结了爱因斯坦的伟大功绩。另外,该书下卷在第一版后已重新翻译出版,译文质量更佳,建议阅读后者。

（注：该书已出中文版，中文版书名为《爱因斯坦传》，张卜天译，湖南科学技术出版社，2012年）

《爱因斯坦活在这里》，亚伯拉罕·派斯著，村上阳一郎、板垣良一译，产业图书，2001年

该书主要依据报刊、演讲等媒体公开的爱因斯坦的发言内容集结而成。建议先阅读正式的传记再来阅读该书，会发现他思考问题的方向性。

（注：该书已出中文版，中文版书名为《爱因斯坦传》，方在庆、李勇译，商务印务馆，2004年）

《爱因斯坦档案——FBI针对世界最著名科学家的阴谋》，弗雷德·杰罗姆著，藤井留美译，太田出版，2011年

该书充满悬念，是一部爱因斯坦外传。书中刻画了FBI作为特务机关长期对爱因斯坦进行跟踪监视的搜查实况,根据1980年公开后的资料写成。

(注:该书已出中文版,中文版书名为《爱因斯坦档案》,席玉苹译,广西师范大学出版社,2011年)

《爱因斯坦的爱情书信》,于尔根·雷恩、罗伯特·舒尔曼编著,肖恩·史密斯英译,大贯昌子译,岩波书店,1993年

书中刊载了爱因斯坦单身时代写给未婚妻米列瓦的54封信。由于是私人信件,爱因斯坦的女性观以及审美观表露得直白无遗,非常耐人寻味。

(注:该书已出中文版,中文版书名为《爱因斯坦的爱情书信》,李小蓉译,上海译文出版社,2011年)

《增补新版——爱因斯坦这样说》，爱丽丝·卡拉普赖斯编著，林一、林大译，大月书店，2006 年

该书是从书信、文章以及新闻采访中搜集到的爱因斯坦语录大全。爱因斯坦用语辛辣，言辞坦率，妙语连篇，揭穿了时代和事实的本质。

（注：该书已出中文版，中文版书名为《新爱因斯坦语录》，范岱年译，上海科技教育出版社，2017 年）

《爱因斯坦在日本谈相对论》，杉元贤治编译，佐藤文隆解说，讲谈社，2001 年

该书十分珍贵，是爱因斯坦在日本约一个月时间的访问实录。其书信、演讲以及日记，均未作改动，原文译出。该书图文并茂，充分展示了日本人在接受划时代的理论——相对论时的盛况。

《透明的爱因斯坦——一个既爱女人又爱宇宙的男人的大爆炸》，罗杰·海菲尔德、保罗·卡特著，古贺弥生译，德间书店，1994年

该书描绘了充满人情味的爱因斯坦的人生画像，书中涉及女性关系、两次婚姻以及和孩子们情况，可以看出他的形象和一般人并无二致。

其他参考文献

《爱因斯坦》，冈田好惠著，讲谈社火鸟文库，1998年

《爱因斯坦——天才走过的可爱人生》，丹尼斯·布莱恩著，铃木主税译，三田出版会，1998年

《爱因斯坦的一生》，C. 塞里希著，广重彻

译,东京图书,1974年

《图说爱因斯坦大全——世纪天才的思想和人生》,安德鲁·罗宾逊编著,小山庆太监译,寺町朋子译,东洋书林,2011年

思考题

思考题 1

爱因斯坦喜欢第一任妻子米列瓦的理由是什么?

思考题 2

在爱因斯坦犹豫是否要将研究据点从德国转到美国的时候,他的心境如何?

思考题 3

作为一位反对战争的和平主义者,爱因斯坦为什么允许使用武力进行防御?